渡辺考

ヤップ放送局に乾杯!

ゆるゆる南島日記

石風社

蠱惑《こわく》の島　ヤップへようこそ

早朝にグアムを発ったコンチネンタルミクロネシア航空のジェット機は順調な飛行を続けていた。雲のじゅうたんの彼方に輝く朝の陽光がまぶしい。さきほどから何度か英語でアナウンスが繰り返されているが、それはどこか遠くで交わされている会話のように、僕の中にはなかなか届いてこない。しっかりと空調が効いているはずなのだが、機内は何だか蒸し暑く感じられ、掌は汗でべっとりとしていた。

太平洋を南西に飛ぶこと一時間半あまり、飛行機はゆっくりと下降していく。眼下には砕ける波に洗われながらも、椰子《やし》の木々に覆《おお》われた島が迫ってくる。

とうとう、やってきた。高揚した気持ちとぼんやりとした緊張感がまぜこぜになり、いつもより不思議なハイ状態になっていた僕は、これからの二年間を過ごすことになる緑の島を凝視した。

ミクロネシア連邦国ヤップ州ヤップ島。僕は青年海外協力隊の一員として、この島にある唯一の放送局で働くのである。

ガタッ。受験。ゴトッ。進学。ガタ・ゴトッ。就職……。人生というベルトコンベアーは僕を乗せて動いていく。僕はその上から落ちないようにしていれば、安心だ。

でも……。ベルトの上から見る世界はやがて代わり映えのしないものに思えるようになってきた。これでいいのだろうか。社会に出て、ある程度、仕事も一通りこなせるようになったとき、漠然とした不安が目の前を覆《おお》っていた。

よし、日本を出よう、世界を見聞しようじゃないか――。単純な僕は、時間を見つけては、バッグひとつ抱えて、インドや北アフリカ、中南米などを放浪した。二十代ならではの無謀さかもしれないが、海外に「何か」があるような気がした。大げさにいえば大いなる希望、とでもいえば良いだろうか。

就職して五年目に僕は青年海外協力隊募集の試験を受けた。当時、僕の勤務先で協力隊に行った者はおらず、その存在も認識されてなかったので、受かったら会社は辞めるつもりだった。

その頃、協力隊は世界五十三ヶ国に隊員を送り込んでいた。それこそ極寒の地から灼熱の砂漠地帯までバリエーションに富んでいる。でも合格したところで、僕らは行きたい場所を自由に選べるわけではない。

そして……。運良く合格の通知が来た。さらに棚から牡丹餅《ぼたもち》、嬉しいことに会社で休職が認められることとなる。知らされた任地は「ミクロネシア連邦ヤップ島」だった。

ヤップ？　どこだろう。それまでに聞いたことがなかった場所だ。一番近くにあった地図を広げてみる。ヤップ、ヤップ……ムムム、そこにはヤップは載っていなかった。

『現代世界詳密地図』という二百頁におよぶ本を見つけた。これにならいくらなんでも載っているだろう。ヤップはいずこ？

索引を調べるとヤップ島は「太平洋」の頁にあるようだった。目をこらすと、グアムとパラオの間に挟まれるように、鉛筆の芯の先でつけられたような小さな点があり、そこにYAPと虫眼鏡で見ないとわからないような三文字がお座なりに印刷されていた。太平洋に浮かぶ形のない点、それがヤップだった。

周囲のひとたちに聞いてみることにする。しかしというか、やはりというか、友人知人でヤップを知っている者は皆無だった。

ヤップとはどんなところだ？　僕の中で勝手なイメージがどんどんとできあがっていく。グアムとパラオの中間なのだから、南の島のリゾート地なのだろう。ビーチに寝ころんで、カクテルを片手にまどろむワタシ。波打ち際では日焼けしたビキニ姿の女の子のはしゃいだ声が聞こえてくる。……なんて夢みたいなことも想像してみた。でも考えるまでもなく、協力隊はよほどのことがない限りリゾート地には派遣されることなどない。

図書館で調べたところ、ヤップは数多くあるミクロネシアの島の中でも西欧化の波に抗《あらが》い独自の伝統文化にこだわりそれを守り続けている島だということがわかる。

今でも政治的に重要なことは伝統首長が取りきめていく。普段の生活では米ドルが基本だけど、石でできたお金「石貨」も使っていることがわかった。

石のお金、伝統首長……ということは……「はじめ人間ギャートルズ」だ！　子どもの頃によく読んだ漫画のイメージが僕の中に湧き上がっていた。

し、しかし……。はじめ人間……どころではなかった。マンモスこそいなかったものの、ギャートルズをしのぐ世界がその太平洋の小さな島では展開されていた！　多少のことは覚悟をしていた僕だったが、南の島の二年の日々は、驚愕《きょうがく》と仰天《ぎょうてん》の連続だった。

とまどい、滅入り、ウンザリし、トホホな生活。こんなはずじゃなかった。僕は甘い気持ちで海外にきた自分を呪った。

でも……おかしいなあ。あるとき気付くと、僕は限りなくこの島に愛情を感じていた。いつの間にか、ヤップの魔力に引きずり込まれていたのである。

いつも酔っ払っていて、だらしなくて、短絡的でほとんどギャグとしか思えないヤップの面々。でも、みんな生命力に満ち活力にあふれ、自然のリズムと呼応しながら、生と死を見つめる真っ直ぐな生活をおくっていた。そして二年の生活で僕は「何か」をほのかに見つけていた。

蠱惑《こわく》の島　ヤップ。愉快な仲間たちの笑顔をのぞいてみませんか。

みなさん、物語のはじまりです。

＊ヤップ放送局に乾杯！　ゆるゆる南島日記＊もくじ

蠱惑の島　ヤップへようこそ　1

chapter 1　ヤップ島初心者の驚き

いざ上陸！　14
眠るＤＪ　17
葬式が日常茶飯？　21
副業にいそしむ放送局の面々　23
放送事故のない放送局　27
家は藪の中だった　30
ビンロウジの受難　35
ガルを待ちながら　38
ヤップの東京音頭　42
突然の強制退去　45
バッグは男の財産だ　47
歴史が作った語学の天才　51
ゴキブリハウス　56
カンシの涙　60
愛犬家のみなさん、ご注意を　65

chapter 2 ヤップＴＶ奮闘録

ニウスに向かって一致団結！ 70
ため息ばかりの編集室 74
働くひと　働かないひと 77
インタビューに儀礼あり 80
ヤップの自然環境を守るため 84
ついに放送流れる 87
モーニングコール 90
新コーナー「ヤップの健康」 93
ヤップ流対人恐怖症 97
テレビってなんだろう？ 102
誰でもウェルカム 105

chapter 3 いくつもの顔を持つ島、ヤップ

日本人という歴史を背負って 110
警官の飲酒運転 117

えっ？　ヤップでテニス？　121
不思議で厳かな南の島のクリスマス　124
所変わればナニも変わる　127
アメリカ合衆国と援助金　130
女の館　133
驚異！　ヤップの老人力　137
じたばたしても仕方ないでしょ　140

chapter 4　大航海の日々

僕を男にする旅の始まり　146
甲板のニッポンジン　150
太平洋は哲学の場　153
ワタナベのうた　157
「よんじゅうよん」さん　160
あっけない幕切れ　163
「ツモロー」　166
サタワルの秘術と海の男たち　170
島の歴史を物語る顔立ち　175

幸福な人　177
離島の旅の終焉　180

chapter 5　我が愛のファンキー放送局
不安、そしてホッ　184
いいのか？　知事さん　188
ヤップデー。ウィリーは来ない　194
ボスの休養宣言　198
ヤップのガウディー　201

chapter 6　そしてもっと広く、もっと深く
理想郷のひとびと　206
日本語を教えろ！　209
わが生徒モナの夢と現実　212
アメリカの影　215
署まで来い　218
自転車泥棒　222

撮られる側の気持ち　229
平日のコーチ　週末のコーチ　232
さらばヤップ島　237

chapter 7　番外編

日本での異邦人　244
パプアで思ったこと　247
五年ぶりの訪問　249
結びにかえて――あれから十年　258

カバーイラスト・山口高志

ヤップ放送局に乾杯！　ゆるゆる南島日記

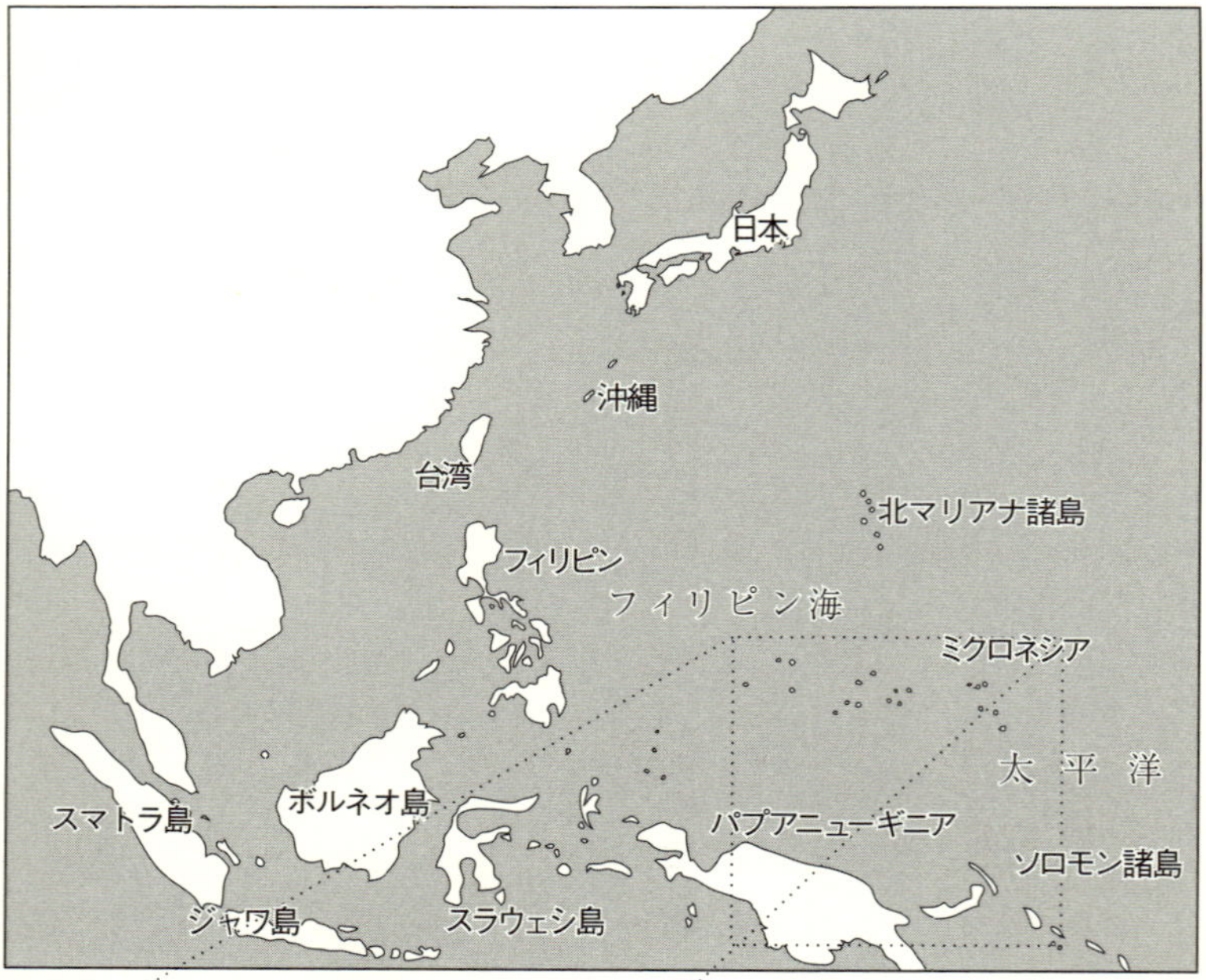
日本
沖縄
台湾
北マリアナ諸島
フィリピン
フィリピン海
ミクロネシア
太平洋
ボルネオ島
スマトラ島
パプアニューギニア
ソロモン諸島
ジャワ島
スラウェシ島

ミクロネシア要図

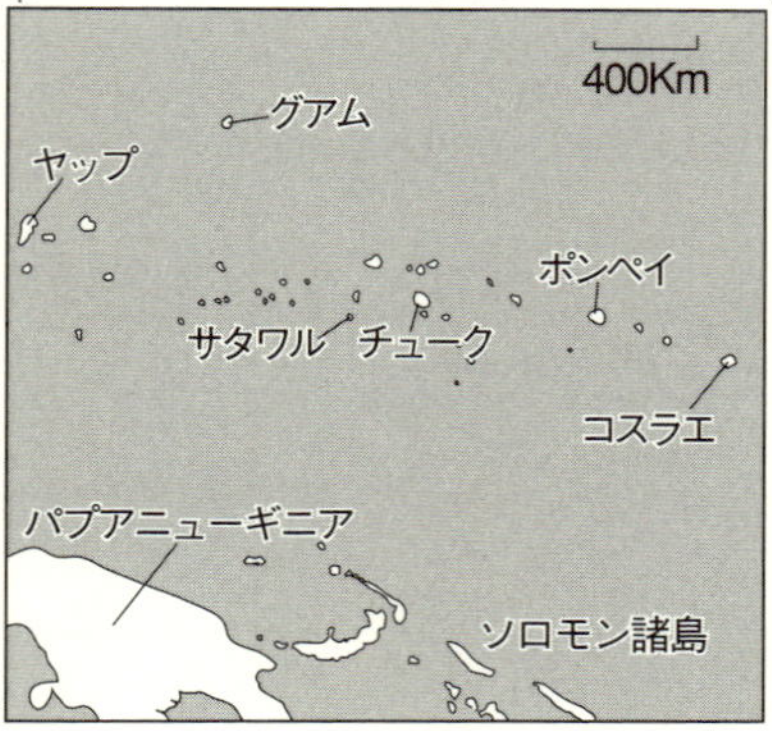
400Km
グアム
ヤップ
ポンペイ
サタワル
チューク
コスラエ
パプアニューギニア
ソロモン諸島

ヤップ島

フィリピン海
ワニヤン
マガフ村
コロニア
放送局
空港
太平洋
ギルマン

chapter1＊

ヤップ島初心者の驚き

ヤップ島の石のお金

いざ上陸！

飛行機のタラップから降り立つと、甘酸っぱいような花の匂いがうっすらと漂っている。ヤップ国際空港は想像していたような椰子《やし》の葉でつくられた素朴なものではなく、立派な鉄筋コンクリートでできていた。伝統的なヤップ家屋を模した三角屋根がおしゃれに施されている近代的デザインだ。正直、ちょっと拍子抜けだった。でも……安心するのは早かった。

入国審査を受けると、そこは荷物の受け渡し場所になっていた。しかし回転ベルトなんていう立派なものはなく、適当にしつらえた金属製の板の上にリフトカーが荒っぽく荷物を積み上げていく。ふと異様な熱気にドキリとさせられる。上半身裸で赤や青のふんどしを纏《まと》った男たちがわさわさ寄ってくるではないか。

ジロッと値踏みをするようにこちらに鋭い目線を送るひとびと。全身が褐色に焼けているだけに威圧感がある。

そして、目を移すと……女性の多くが、おっぱいを剥《む》き出しにしたままでそこら中を歩いているではないか。身につけているのは簡素な腰巻きだけ。どうやら、これがヤップの正統ファッションのようだ。事前学習はしていたが、本当に半裸の女性だらけで、初心者《ウブ》な僕は目のやり場に困ってしまった。

そして……。僕はひとつの発見をしてギョッとした。みんな一様に赤い涎《よだれ》を流しているのだ。一瞬にして悪い連想をする。血か。となると殴《なぐ》り合いか？　集団で果たし合いでもあったのだろうか。集落同士の仁義なき戦い、とか？　それにしてもよぼよぼのお年寄りや年端の行かぬ少女までが赤い涎を流しているからおかしな話だ。

恐る恐る、比較的眼光が優しげな老人をつかまえて尋ねると、これは檳榔《ビンロウ》の種子・檳榔子《ビンロウジ》のせいだという。

ヤップのひとたちは覚醒作用があるビンロウジを好むということは、事前にリサーチ済みだった。でも噛むと口の中が真っ赤になるとは知らなかった。ともあれ、抗争や風土病ではなかったのだ。ちょっと安心。

「オハヨウゴザイマス、ワタナベサンデスカ」。税関を通過し、ヤップに足を踏み入れたその瞬間、不思議なイントネーションの怪しい日本語で話しかけられる。目の前にいたのはインドの予言者サイババにちょっと似た大柄な男性だ。

「ピーターサンデス、ヨロシク」。ピーター……。あ、このひとか。ヤップ放送局のトップ、局長のピーター・ガランフェルだった。まだ三十代半ばのようだ。日本語ができるとは聞いていなかったが、これは今後二年間、ずいぶんと助かるぞ。

ピーターさん、よろしく。これからどうすればいいですか。今日はどこに泊まることになるんでしょうか。緊張から解き放たれた僕は、一気にまくしたてる。しかし、局長は表情を崩さず言う。

「ハイ、ハイ、ワタナベサン、オハヨウゴザイマス」

聞こえなかったのだろう、もう一度繰りかえすと……。「ピーターサンデス、ハイ」との答え。どうやら局長の日本語は、誰かからにわかに教わったもののようだ。期待は一気にしぼんでいった。

局長の横にいたかなり大きい中年の女性が、ヌーヌーという花飾りを幾重にも首に掛けてくれた。熱烈歓迎ムードのようでホッとする。周りにいるひとの誰が誰だかわからない状態だが、放送局のスタッフがみんなで迎えにきてくれていたようだ。ビンロウジの涎《よだれ》を手でぬぐっているせいで、二、三人と握手すると僕の掌は真っ赤になってしまった。

局長は他のスタッフと行くところがあるといって、いつの間にかどこかに消えていた。

チーフ記者と名乗る男が僕に近付き、ニコリともせず、オンボロ車を指さす。どうやら、僕はこのひとと一緒に行動するのに違いない。チーフ記者は、穴があいた赤いぼろぼろTシャツに短パンという軽装であるが若者ではない。この島のひとたちの風貌から安易に年齢を割り出すことは難しかったが優に五十歳は超えている。日本の放送記者のスーツにネクタイ姿という先入観のせいもあろう、このひとが放送記者とはとても信じられなかった。

車中で記者はひとことも口をきかない。ひたすらビンロウジを噛み、赤い涎をたらしているだけだ。たまにおっかない顔で助手席の僕がそこにいるか確認するように一瞥《いちべつ》を投げかける。飛行場で感じた安堵はどこかに吹き飛んでしまった。

どうなるのか、僕の行方は……。二年間、うまくやっていくことはできるのだろうか。不安はピークに達していた。

眠るDJ

町のはずれの高台に放送局はあった。ふと気付くと、岩のようないかつい顔の記者は、いつの間にかどこかに消えてしまっていた。

放送局の中に入ると、生ぬるいものがピチャッと顔にふりかかる。恐る恐るぬぐってみると、どうやら水のようだ。コンクリート製の建物なのだけど、屋根のどこかに穴があいているのだろう、雨漏りがしていた。よく晴れている日でこうなのだから、雨の時はどうなっちゃうんだろ。

建物は平屋で、電灯は壊れているのか薄暗い。ほとんど自分がインディー・ジョーンズになった気分だ。一歩一歩、あたりを見極めながら歩くしかない。天井をイモリが鳴きながら這っている。蝿が身体にからみつき、うっとうしい。

暴動がおきた後のように、ドアが壊されていた。一歩踏みこむと、そこはトイレだった。まったく掃除がされておらず、タイルは壊され、壁には穴があいている。それでも一応、便器はあり、水洗トイレの形はしているのだが、しばらく流した形跡がない。異臭が立ちこめていて、思わず鼻をつままずにはいられない。

「モシモシ、ワタナベサン」。怪しげな日本語。いつの間にやら、僕の脇にピーター局長が立っていた。

「もしトイレを使いたいんだったら、水を汲《く》んできて、流せばいい。だいたい、みんな使っていないんだ」。普段は、みんなはどうしているんだろう？　ヤップ人は大小便をあまりしないのかしらん？（後日気付いたのだが、だいたいみんな小便を外の野原でしているのだった。女性に関しては？？？　いまだに謎のままだ）

ゴミ箱はあるにはあるが、そこに捨てる習慣はないらしい。あたり構わず、噛んだ後の干からびたビンロウジが放置してある。

いったい、ここが本当に職場なのか。僕は本当にここで働くのか。

遠くから音楽が聞こえてきていることに気付く。ラジオの放送中らしい。ちょっと安心、ここはやはり放送局なのだ。ふと暗がりに気配を感じた。よく目を凝らすと廊下の隅のテーブルの上にひとが丸くなって寝ているではないか。

う、誰だ？

「ああ、あれはＤＪのリトンだ」

不安気な僕の顔を見た局長が、苦笑いしながら言う。

え、ＤＪって今放送中じゃないですか。

「ははは、また酔っ払っているんだろ」

え、勤務中じゃあないんですか。

「ははは、あいつは酒癖が悪いから。昨日は給料日《ペイデイ》だったし」

笑いながら、局長はどっかに行ってしまった。え、注意もしないの？

こちらの気配に気付いたのだろう、ＤＪがのっそりと起き上がった。机の上には段ボールが置いてあり、それが敷き布団になっているようだ。どうやら、仮に寝ているというより、ここに住み着いている様子。三十代後半、いや四十前半か。彼が名物ＤＪリカルド・リトンだった。

「ハロー、マイフレンド」

握手を求めてきたリトン、確かに息が酒臭い。目がどんよりと濁《にご》り、焦点があっていない。自己紹介もそこそこに、こちらの心配事を打ち明ける。

ラジオブースには誰かひとはいるのですか？

「いや、誰もいないよ」

な、な、なんと……。いいのですか、こんなところにいて。

「大丈夫、ＣＤを流しているから一時間はそのままでいいんだよ。もっと長いＣＤがあれば楽でいいんだけど、ははは。ま、心配無用さ」とまた寝込んでしまった。

なるほど。そう言われるとそんなものかと納得してしまう単純なワタシ。気を取り直し、さらに放送局見学を続けることにした。あちこちに無造作に置かれている機材は基本的にポンコツである。テレビ放送もしているが、アメリカから送られてきたテープを家庭用ＶＨＳビデオデッキで再生し、電波にのせるだけ。僕が赴任した時点で、ローカルニュースなどの自前の番組は作られていない状態だった。ただ前の年に、日本から無償援助で取材用カメラと編集機が納入されていた。僕の役割は、ヤップのスタッフとともにその機材を活用して島独自の番組を作り放送することだった。

放送局をざっと見学し終えると、全身から力が抜けていくのがわかる。やる気と不安とが絡《から》み合って、重たく僕の中で沈んでいた。新鮮な気分でのぞんだ初日なのだが、誰もいない薄暗いオフィスでボーッとしてしまった。

ふと気が付くと、ラジオが鳴っていないではないか。ＤＪブースを覗《のぞ》きに行く。するとＣＤは止まっていて雑音だけが放送されている。

これはまずい。一大事だ。おーい。リトンを揺するのだが、なかなか起きない。大変だよー。ようやくベテランＤＪリトンは面倒くさそうに目を開け、何を大騒ぎしてるんだという顔をこちらに向ける。だって放送が止まっているじゃないですか。

「なに、あわてることはない。また流せばいいさ」。リトンは謝りのアナウンスをするどころか、こともなげに流し終えたばかりのＣＤをまた頭から再生し「寝床」に戻っていった。一時間前に聞こえていたハワイアンが、あたりに弛緩《しかん》した気怠い雰囲気を醸《かも》し出す。

恐るべしヤップ放送局。初日から僕はその規格外な異様な空気に圧倒されていた。

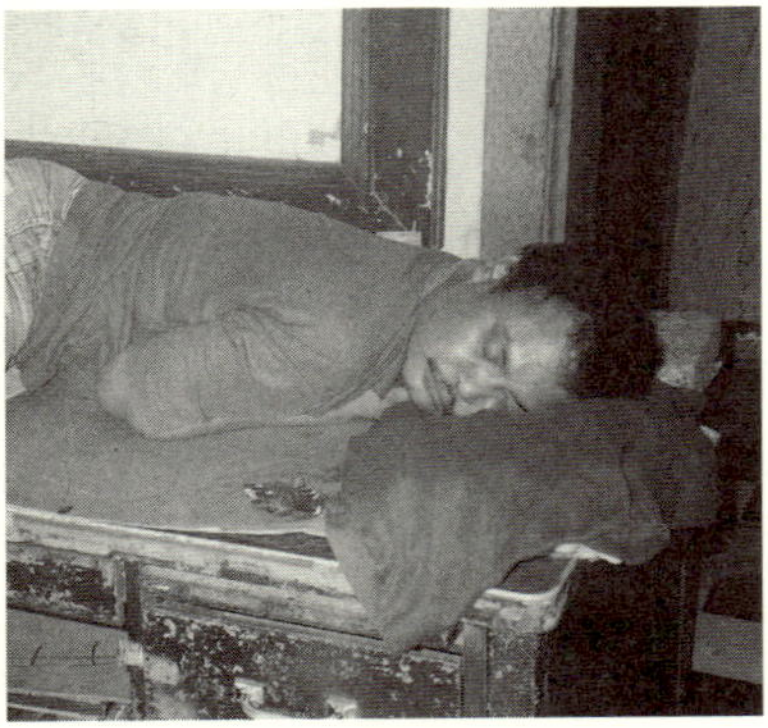

リカルド・リトン。ベテランラジオＤＪ。
放送局を家がわりにしている

葬式が日常茶飯？

二の腕は棍棒のように太く、目は血走り、いつも怒ったような表情を浮かべている。でも本当は怒っているわけではない。

空港から放送局に僕を送ってくれたちょっといかめしい記者。その名をジョン・タムンギクという。本人には申し訳ないが、その風貌はガラパゴス諸島に棲むゾウガメを連想させる。

タムンギクが年がら年中かかりっきりなものがある。それはお葬式だ。

ヤップではひとが死ぬとその村の住民や島中の親族は総出で、一週間近く葬儀など共同作業に駆り出される。火葬の習慣がないので墓掘りをして死者を弔う。日本ではごく一部の地域にしか見られなくなった慣行がヤップでは根強く残っているのだ。

放送局で働き始めて二週間ほどたった頃のことだ。僕はタムンギクの姿を二、三日見かけないことに気が付く。

「うん、昨日、地元ガギールの村で叔父さんが死んだらしい」

なぜか、みんなニヤニヤしている。けしからんなあ、仲間の親戚が亡くなったっていうのに……。などと思っていたワタクシ、まだまだ修行がたりない、認識が甘かった。その週、タムンギクは放送局に顔を出すことはなかった。

次の週——。やはりタムンギクは来ていない。

「うーん、北の村で親族の葬式があるそうだ」

仲間に訊くと北の方の集落には彼の親戚はいないはずだということなのだが……。その週もタムンギクが職場に顔を出すことはなかった。

さすがにその翌週は仕事をしていたタムンギク。あ、たまたま葬式が重なってしまったんだな、と思っていたワタクシであった。しかしその次の週……。

「南の村で葬式だってさ」

ニュース原稿をタムンギクの分まで書かされている離島出身のハスマイがタイプを打ちながらつまらなそうに言うのだった。「どうせ来週はまた東の村ででもひとが死ぬんだろ」

確かに人口七千余りの島は血の繋がった親戚だらけである。医療事情も悪く平均寿命が六十歳未満ともいわれ葬式の数も多い。しかしそれにしてもタムンギクの喪に服す回数は多すぎ、葬式に懸ける熱意は人並み外れていた。三つに一つは本当の葬式のようだがあとの二つは？？？　やがてタムンギクは島中のひとに死んでもらわないといけないのではないかというくらい、年がら年中葬式が続くことになる。

同僚のウィリーが笑いながら言う。

「タムンギクのお父さんはここ五年でもう六回死んだし、お母さんは八回死んだよ」

ちなみにタムンギク氏、葬式以外の口実で仕事を休むことはなかった。根っからの「喪に服す男」なのである。

副業にいそしむ放送局の面々

ではここでわがヤップ放送局スタッフのラインアップを紹介しましょう。僕が赴任した当時、働いていたのは十三人。老若男女、つわものどもが集まっていた。

テレビのスタッフは二人だけ。翌年で定年になるロタ・ラタンおばさんとルイス・ルブワッグという五十代後半のおじさんである。（ちなみにカトリックを主教とするヤップではみんなミドルネームつまり洗礼名をもっています。だから放送局にもジョンは三人いました）

テレビ放送といってもアメリカはカリフォルニアのビデオ配給会社から二週間以上前に放送されたニュースやバラエティー番組を送ってもらい、それをひたすら「垂れ流し」するだけ。残りの時間はいくつかのキリスト教系の宗教団体からスポンサー料を貰い、各団体の広報番組を流していた。だからテレビの仕事といっても、ビデオを再生機にいれて時間になると次のテープにかけ変えるだけの単純作業である。

僕の任務はテレビの番組アドバイザーということになっていた。格好良くいえば、番組作りを手助けするという仕事だ。でもラタンおばさんは内職の弁当作りに忙しく、ルブワッグは、無断欠勤の常習に加え、たまに来た時も始終酔っ払っていて頼りない。目はいつもうつろで、ろれつも回ってなくて、何を言っているか、ほとんどわからない。一緒に番組を新たに作るスタッフとしては、とても期待できなかった。

　残りのスタッフはテレビに見向きもせず、ラジオ番組だけに関わっていた。確かにテレビに比べ、ラジオは朝から晩まで生放送で、それだけに仕事も多い。V6AIのコールサインで島中のひとたちに親しまれてもいた。

　DJは五人。しかし日本では人気の職種もこちらの島では薄給のせいか常に人材難の状況で、離職率が高く、ひとの入れ替わりが激しい。州政府の運営する放送局なので、みんな地方公務員ということになるが、政府機関の中で最も人気のない職種といわれていた。他のお役所仕事よりおもしろそうなものだけど、ヤップのひとたちはそうは思わないらしい。だからいやいや働いている輩《やから》が多い。

　モラルが低いから無断欠勤、遅刻の繰り返し。さぼると、当然の如くそのしっぺ返しがやってくる。制裁措置として給料からさぼった分だけ天引きされるのだ。だからDJたちの給料は週に二十ドル（当時のレートでは千四百円！）くらいにしかならない。ビール一缶が一ドルだから、この額はしんどい。そして生活が成り立たないから副業に勤しむ人間も多いのだった。副業に精を出すと本業がおろそかになり……という負のスパイラル構造ができあがっていた。

　いつも酔っ払っていて職場に寝泊りをしているリトン、離島出身で、ほとんど本当のことを言わない「ほら吹き」グレッグ、タクシー運転手を兼業にする元ボクサーのタマグ、やはりタクシー運転手フラグ、それに、総局長トニー・タレグの息子でまだ高校生のトニー・タレグJr.（通称ボーイ）がＤＪ五人衆である。

この他に、働いているのは、事務職のバーニー・テニグモおばさん。グアムの大学を出た才媛で、町唯一の郵便局で局長のポストまで上りつめたが、サボりの常習で、人気のない放送局に「左遷」されてきた。たまに来ると、何かタイプライターで打っているのだが、具体的には何の仕事をしているか、不明である。独身でとてつもない酒豪だ。

彼女はラタンおばさんのライバルでもある。残念ながら本業で争っているのではない。副業の弁当作りでしのぎを削っているのですよ。だから当然、そっちが忙しく、あまり局に顔を出さないという訳なのだ。ちなみに弁当の中身はというと、ライスにおかずが二品ほど。最初、弁当を開けたときはびっくりした。弁当の一画が原色で彩られていたからだ。それはよりによってご飯だった。賑やかな色が好きなヤップのひとたち。白いご飯より、色が着いている方がいいのだろう、ケーキやお菓子に使う着色料で色づけされていることが多かった。ショッキングピンクだったり、真緑だったり、青や黄色だったり。味は変わらないのだが、ちょっと不気味である。

おかずは時期によって旬のものが供される。満月の夜に浜で取れる蟹の煮付け、漁に誰かが出たときは熱帯の小魚のフライ、祭りの翌日は豚のグリルなど、ヤップならではのバリエーションに富んでいる。

ラタンさんもテニグモさんも、十八番としてチキンの煮物を作ることが多い。僕の好みでいうと、ラタンおばさんの弁当の方がジューシーでおいしい。弁当に関してはラタンさんの勝ち！

閑話休題、本題に戻りましょう。ラジオでは一日に何回かニュースを流しているのだが、原稿を書く記者は三人。「葬式好き」ジョン・タムンギク、彼と同じ年なのにも関わらず、なぜかタムンギクの雑用ばかりまかされているパシリ的役割のウィリー・ゴロンフェル（通称ウィリー）、遠くヤップから離れたサタワル島出身のジョン・ハスマイ（通称ハスマイ）。

一番の期待の星がジョン・ギルマタム（通称ギルマタム）だ。二十代後半と若いのに加え、ビデオカメラの扱いを知っており編集機も使えてＤＪもこなす器用さを持っていた。そして局長がピーター・ガランフェル（通称ガル）。頭がよく、次々と新しい提案をするアイディアマンだ。ただ、局長《ボス》なのにサボりぐせがあるのが玉にキズ……。

数年前まではテレビで「アイランドレビュー」という地域密着情報番組をやっていた。だが取材用八ミリカメラが壊れた、という理由で番組は途絶えていた。（直すとか他のカメラを買うとかすればいいのだが……）。

だから独自番組は当時〇《ゼロ》本。自主制作率〇パーセントのテレビ局だったのだ。しかし有難いことに前の年に取材用カメラと編集機が放送局に納入されていたので、あとは番組を作るだけ、だった。局長のガルを中心にスタッフの間には「テレビ放送をどうにかしようよ」という気概が感じられた。

よーし、やろうじゃないか。彼らと一緒にテレビの独自放送を始める。途方もないようなことにも思えたが、僕の心は燃え上がっていた。

放送事故のない放送局

ミクロネシア・ヤップ島では今までいわゆる「放送事故」がおきたことがない。一度たりとて。不思議でしょう。でも本当なんです。

　僕たち日本のテレビ局の人間は、日ごろ放送事故にとっても敏感。放送事故とは電波が二秒以上途絶えるなど放送そのもののアクシデントのことで、もちろん別の番組が流れるなんてことは言語道断、あってはならないことこととされている。

　でもヤップのひとたちはぜんぜんそんなことは気にしない。まずだいたいからしてテレビの放送時間は当日にならないと決まらない。まもなく還暦を迎えるラタンおばさんがＶＴＲを再生する係なのだが、彼女の出勤時間に左右されるのだ。

　テレビの命である番組の編成権は、すべて彼女の一存にあった。その結果どういうことになるか。通常昼の十二時から番組をやることになっているのだが、彼女が早く帰りたい時、彼女は予定より三十分から一時間早くから放送を始めてしまう（例えれば、日本でわたしたちが朝十一時にドラマを楽しもうとテレビをつけると、十二時からあるはずのニュース番組を観る羽目になる、といった具合）。当然、結果として放送そのものが予定より一時間早く終わってしまう。

逆に午前中に内職の弁当作りや孫の世話に手こずると放送時間が平気で一時間ほど後ろにずれこむ。

こんなだから誰も放送のオンタイム性を気にしない。時計がわりにテレビを観るひとなぞいない。ゆるゆるとテレビを楽しむ、それしかないのだ。時間通りにやっていたらかえって不自然に思われる。日本ではご法度のカラーバー（テスト信号）が流れても気にしない。放送が途中で途切れても何も気にしない。

放送の途中でラタンおばさん、買い物に行くこともしばしばで、帰りが遅れテープが終わってしまってノイズを流し続けることもある。孫に仕事を任せて、タロイモ畑に芋掘りに行ってしまうこともある。もっとも、単純な仕事なので小学生の彼女でも十分勤まるのだが。

テープを間違えて次の週の放送を流すなんてざらで日常茶飯事。だから連続ドラマなどはクライマックスから先に観させられる、なんてことになる。ラタンさんの気分でランダムに流される番組。ヤップのひとたちは、自分の中でストーリーをパズルのように組み合わせていかないといけないから大変だ。

放送を流すビデオデッキも古くて不安定。放送の途中でヘッドが汚れ画面がザラザラになることもしばしば。その結果、放送が流れなくなることもある。局長ガルが家でビデオを観るために職場のデッキを持って帰ってしまって、放送ができなかった、なんて、考えられないこともあった。

うーん困ったもんだ。と思い悩んでいたが、ある日誰も困っていないことにはたと気が付いた。

確かに一分や二分、いや五分や十分、いや一時間位放送が遅れたって島の生活になんの問題もないのです。予定と違う番組が流れていたって、日常は支障なく動いているのです。なんか細かいことばかり気にしていた自分がばかみたい。

ひょっとして日本でも同じだったりして……。一分一秒で一喜一憂する必要ないんじゃないか。僕たちはあまりにも時間に束縛されすぎではないだろうか。ヤップのアバウト、否おおらかさに目から鱗《うろこ》が落ちた思いだった。

ヤップ島に「放送事故」なる言葉が永遠に誕生しないことを、僕は心から願うのだった。

ジョン・タムンギク。ベテラン記者。あまり放送局にいない

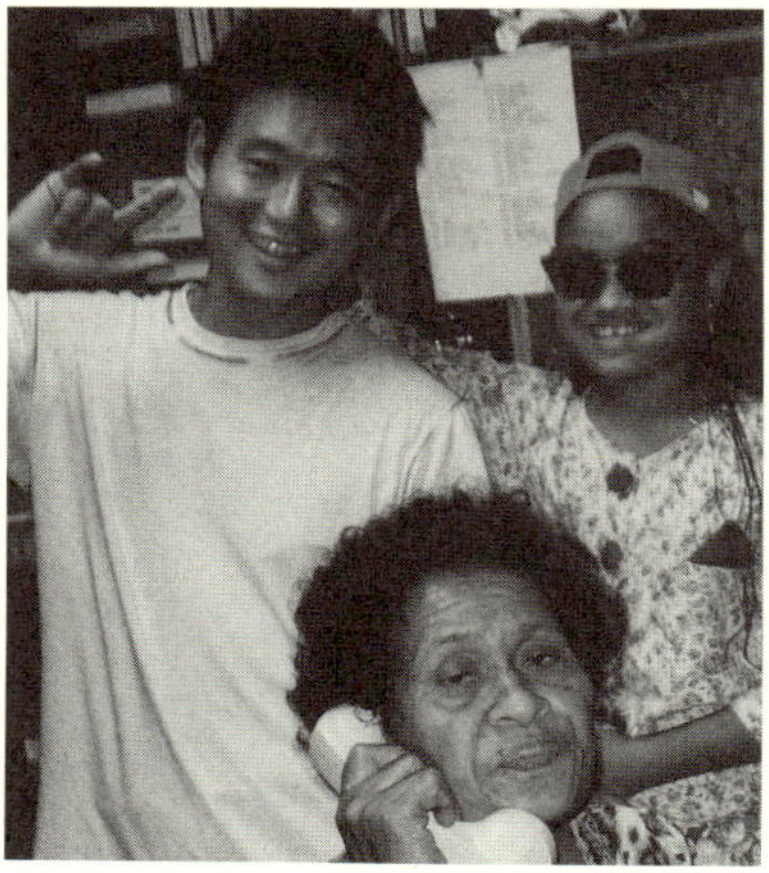

ラタンおばさんと孫、そして著者

家は藪《やぶ》の中だった

シロ、　イグアグッ　ワタナベ　ヌ　サパン。

すみません、わたしは日本から来たわたなべです――。うっ、舌を噛みそう。はたして、うまく通じるだろうか。

ヤップ語――。それは僕にとって、とてつもなく難しい言葉だった。

島で使われている言葉は三つに大別される。ヤップ語、離島語、それに英語である。ちなみに、七十歳以上のひとたちの多くは、戦前・戦時の日本による南洋庁統治時代の名残で日本語も話すことができる。

ヤップのひとたちはなぜ故に自分たちの言葉があるのに英語も使うのか。それはヤップ語と離島語が、単語も文法もまったくもって異なる互換性のない言語だからだ。だから、ヤップ人と離島人の日常会話はどうしても戦後に統治を続けていた米国の母国語に頼らざるを得ないのである。当然、両者が一緒に働く政府機関などで使うのは、英語がベースとなっているのだ。我がヤップ放送局もしかり。

ヤップ英語とでもいえばいいのだろうか、アメリカ英語と違ってヤップの英語は独特のアクセントがあり、そしてとってもゆっくりなので、腹減った、ビールくれ、くらいしかわからなかった僕の英語力でも、どうにかコミュニケーションができた。職場にいるヤップ人も離島人もかなり英語が堪能で、言葉の壁はクリアーしたかにみえた。しかし、世の中、そんなに甘くない。

一歩町を出てヤップの村に入ると、日常生活は、ほぼ百パーセントヤップ語の世界だという。僕はしばらくの間、協力隊の現地事務所の一画に宿借りしていたのだが、ヤップに来て一週間後、島の北東部にある村にホームステイをすることになった。

このままじゃいかん――。ある程度ヤップ語を修得しないといけない。

都合がいいことに、村に行く前にヤップ語を地元のひとから教わることになった。語学教師モチエン先生は、年齢不詳で、サンダルが嫌いなのか、なぜか裸足で歩いてきた。道路には小石や、酔っぱらいが投げ捨てた割れビンなどが散乱していたのだが……。痛くないのか？

モチエンさんの個人レッスンは三日間、みっちり続いた。見かけは大らかなのだが、かなり妥協なきスパルタ教師だった。

モゲシン。ノーノー、ワタナベ、モゲスィイン。モゲスイン？　ノーノー、ノーノー。大げさに頭を抱えるモチエン。こんにちは、という単語ひとつでダメ出しの連続。全然前進しない。

……正直難しい。モチエンの顔がだんだんと中学時代の鬼教師とダブって見えてきた。困ったのは日本にはない発音があることだ。例えばNGという音。ング、だが、これが単語の前についたりする。いきなり「ン」ではじめようとしてもなかなかできませんよ。しかも悪いことに舌を平板にしていてはいけなくて微妙に丸めるようなのである。そして少し鼻に抜けるように発音する。

これは難敵、フランス語より難しいぞ。

三日間が終わったときには、正直ホッとした。でも残念ながら、僕のヤップ語はちっとも上達していなかった。


放送局がある中心街・コロニアからバスに揺られながら、僕はこれから始まる村の生活に思いを馳《は》せた。

椰子《やし》の木が両サイドに広がる道は整備されており、一日一往復しかしない路線バスは、けっこうなスピードで飛ばしていく。かなりのオンボロで、アメリカの小学校で使われていたのだろう、黄色い車体に英語で「スクールバス」と書かれていた。そこにコロニアでの仕事を終えた男女が二十人ほど乗っていた。

車中で僕は、辛うじて覚えることができた数少ないヤップ語を何度も何度も復唱する。カンマガール、ありがとう。カファール、さようなら、エトセトラ、エトセトラ。大丈夫だ、これで。ビールをひとつください、ぐらいまでは言えるぞ。根拠のない自信が付いたころ、順調に進んでいたバスが急にがたつき始めた。舗装が突如途切れて無くなっていたのだ。遠くに波が砕けるのが見える。町から走ること三十分ほど、唐突にバスは停車した。

「ここはいったいどこでしょうか……」

残されていたのは僕ひとり。あたりに見えるものといえば集会所らしき場所とやけに立派な教会の聖堂とハイビスカスの生垣ばかり。

「終点のワニヤンだぞ。早く降りろ」

運転手さんは急いでいるのか、僕をせかすのだった。

ここが、ワニヤンか？ バナナの木々が生い茂り、ココヤシが整然と屹立《きつりつ》し、ハイビスカスやブーゲンビリアに交じり名も知らぬ熱帯の花々が咲き乱れる。人通りがなく、村としての「熱気」を感じさせない。ゴーギャンの絵画の世界に入り込んだような錯覚を覚えた。

目的の家がどこにあるのか見当がつかない。しばらくたってようやく見つけたひとに、ホームステイ先のLさんの家を教わる。

Lさんはやさしそうな顔をした七十過ぎの男性である。さっそく僕はLさんに向かって、練習を積んだヤップ語で自己紹介をする。すると……、

「よくいらっしゃいました。お待ちしてましたよ。ささ、お掛けなさい」

流暢《りゅうちょう》な日本語で返事がかえってくるではないか。すっかり拍子抜け、である。それまでの道中、繰り返し練習した自分の片言のヤップ語の成果と意味はあまりなかった。

ヤップは太平洋戦争終決まで三十一年間、日本の統治下にあった。そのためLさんも少年時代、隣の村の日本の公学校（南洋群島に暮らす日本人以外のひとたちのための初等学校。日本人は国民学校に通っていた）に通い、日本語を覚えたのだという。

Lさんの家は裕福なようで、僕は彼の家の離れに住まうことになった。椰子とビンロウジュが鬱蒼《うっそう》と茂った森の中にあるトタン葺《ぶ》きの小屋で、六畳ほどの部屋にベッドがひとつあるだけ。電気が通っていないため、軽油のランプが照明器具だ。

荷物を降ろすと急に雨が降ってきた。トタン屋根を叩く雨だれの音が徐々に強まっていく。ぼんやりと外を見やると椰子やビンロウジュの緑がみずみずしく美しい。深く息をした。自然が僕を取り巻いている。雨が止むと、あたりに静寂が漂い、海鳴りが遠くから微かに聞こえる。

月明かりが差し込んでいた。この静寂はきっと大切なものなんだ。焦らずにじっくりと二年間を過ごしていこうとひとり、思った。一抹の寂しさと清々しさを感じながら。

ヤップの子どもたち

ビンロウジの受難

ワニヤン村は美しい村だった。直径二メートルほどの巨大な石貨と綺麗《きれい》に整備されたメンズハウス（男たち専用の集会場、女子禁制！）が村の中央にあり、道はゴミひとつなく、近くには、マングローブが多いヤップにしては珍しく砂浜のビーチまである。村のひとたちも親切で、生活は申し分のないものだった。

村に住むようになって、数日たったある日のことである。

「まあ、何はともあれ、噛んでください」

大家のLさんに差し出されたのはビンロウジュの実、地元でブーと呼ばれるあれではないか。ヤップに上陸して二週間近くになるが、僕はそれまでブーを噛まずに過ごしてきていた。

ヤップではブーを噛まないといっぱしの大人として認めてもらえない。さらにいうと、ブーを互いに交換し噛み合う、というのが一種の礼儀作法であり、円滑なコミュニケーションをとるためのツールである。日本でいうと、酒をつぎあい、それを飲み干すようなものか。

しかし、ブーを渡されたものの、僕は噛み方がよくわからないのだった。触ったり鼻をあて、嗅《か》いだりして、場を取り繕《つくろ》う。ちょっとムッとするような青臭い若い木の実の匂いをブーは発していた。

Lさんはこちらを探るような目でじっと見つめている。仕方がないので、しばらく手で転がし、Tシャツで磨いてみた。再びLさんの熱い視線を感じる。場が持たなくなった。仕方ない、口にいれよう。

「こう一緒にね、するんですよ」。見かねたLさんが目で僕を制し、呆《あき》れたようにいう。この時に、ブーは単独では噛まないことを初めて知る。サンゴ礁を燃やしたものを砕いた石灰の白い粉、胡椒《こしょう》科の葉（地元ではガブイと呼ばれる）と組み合わせるのだ。

まずはどんぐりをふた回り大きくしたようなブーをナイフで二つに割る。歯が強いひとなら噛んで割ってもいいようだ。実の芯の白い部分を取り除き、石灰をかける。それをガブイで包む。Lさんに言われるままに調合し、こわごわと口に放り込む。固くて、まるで熟していないスモモでも噛むような感触だ。繊維質で歯の間に果肉が食い込む。青臭い匂いが口の中に広がる。石灰のせいか、口の中が焼けるように熱くなった。何じゃこれは……あんまり美味とはいい難いものであった。

そうはいっても、みんな喜んで噛んでいるものだ。長所とでもいうか、何か理由があるはずだ。我慢して噛み続ける。やがて果汁と唾液《だえき》が口の中にたっぷりとたまってしまった。

どうしよう。この液体をどう処理すればいいだろう。あたりを見回しても手がかりとなるものはない。L老人は平然とビールを飲んでいる。聞こうにも口の中が液でいっぱいで質問ができない。

えーい、飲んでしまえ。やけくそになった。ごくりと飲んだ瞬間……、

「あ、ワタナベサン、言い忘れたけどブーの液はね、絶対に飲んではいけないよ。唾《つば》みたいに吐い

てしまいなさい」

なななんと。もう少し、早く教えて欲しかった……。

時すでに遅く、僕の心臓は激しく鼓動し始めた。全身の血液が逆流を始めたらしい。やたらと体全体が熱くなったうえ、頭がボーっとしてきた。極端に泥酔したような身体の感覚なのだが、意識がなくなるわけでなく、ただひたすら苦しい。胸の中がドッシリと重くなり、それに続いて焦《こ》げるような胸焼けが襲ってきた。Lさんがぼやけて見えた。

言葉をしゃべろうにもろれつが回らない。口の中で火が燃えているようで、ヒリヒリと痛む。気管が腫《は》れあがってしまったようで、息ができない。これまで味わったことのない感覚にちょっとパニクった。

「飲んでしまいましたか。それはいけないな」

遠くから老人の声がエコーがかって聞こえるのだった。

「ぼくらはね、噛んだらそこらじゅうに液を吐くんですけどね」

口の筋肉が弛緩《しかん》してしまい、だらしなく開き涎《よだれ》が流れる。ぬぐうと真っ赤な液が付着する。よくわからないが、口の中で成分が混じりあい化学反応を起こして赤色になるようだ。なるほど、だから島のありとあらゆるところに血を吐いたあとのようなものがあるのか。ぼんやりとした頭で不思議だったあの血みどろの光景を思い出す。

三十分ほどしおれて、やっと回復。強烈な初体験。ブーは大人の味、だった。

ガルを待ちながら

ヤップ島に来て三週間。放送局の雰囲気にもやっと慣れてきたそんな月曜日。ガル局長がいつになく真面目な顔をして言うのだった。

「ワタナベ、ボスがお呼びだぞ、大至急だ」

ボス……。放送局を牛耳《ぎゅうじ》るトニー・タレグ総局長が直々に何の用か。大至急とはただごとではない。町の中心部にある州政府に放送局のおんぼろ三菱パジェロを飛ばす。

離島出身の我等が大ボス・トニーは、小柄だが、豆タンクのように、精力的に仕事をこなしていくタイプだった。もともとヤップ放送局のＤＪだったのだが、行政能力を買われ、どんどんと政府のポジションを駆け上がり、放送局と青少年の育成事業をたばねる部局の長となっていた。とっちゃんぼうやのような風貌の大ボス・トニーは体に似つかわしくない巨大な椅子にうまるように座って、僕らの到着を待っていた。

「ワタナベ、よく来たな」

おはようございます、トニーさん。

「放送局はどうだ。みんな働いているか」

みんなちゃんと働いているかな……、僕は一瞬真剣に考えてしまった。でも働いてないわけでもないし……だいたいからしてそんなことは、トニーの方が充分わかっているだろう。

楽しくやってますよ。微妙にお茶をにごす。

「そうか。まあ、噛め」

あれれ。大至急との話だったが。まあ、何はともあれビンロウジを噛むことにする。

トニーとガルは何事かをヤップ語で話し始めた。?????　僕のにわかヤップ語ヒアリング能力では、ウィリーとかジョンとかの固有名詞しか拾い聞きできない。

放置されること三十分。ビンロウジが利きはじめ、緊張はすっかりほどけ、たいした話じゃないのだな、と思い始める。

そんな矢先に、トニーが突如、存在を思い出したように、こちらを向いた。

「そろそろ、ヤップにテレビを復活させるときが来た」

うむうむ。その通りですね。

「どんな番組をやるのがいいか」

やはり身近な情報番組。ということはニュース番組ですよね。

「そうだよな。じゃあ、その番組をさっそくスタートさせてくれ、至急だ」

ははあ。確かに大至急な話、ではあった。でもいくらなんでも急ですよ。そんな簡単にできるものじゃない。

「うーん、じゃあ、一ヶ月の猶予《ゆうよ》を与える。その間にとにかく番組を始めてくれ」

トニーはいつものとっちゃんスマイルがどこかに消え失せ、ちょっと目線が恐い。さすが丁々発止《ちょうちょうはっし》で、権力の階段を駆け上ってきただけある。雰囲気に呑まれ、というか不自由な会話力もあだとなり、相手のいうなりにすべてを飲んでしまった。

帰りの車でガルはやけに嬉しそうだ。

「ワタナベ、いろいろやろうぜ」

「おれもカメラやるからな」

ガルはカメラを担ぐポーズをとり鼻歌をはじめる。

「番組の司会をおれがやってもいい」

「おれはもともと最高のＤＪだったんだ」

「編集は当然、おれがやるし」

「原稿もおれが書く」

頼もしいですぞ、局長さん。待ち望んでいたテレビ番組復活の息吹をガル自ら強く感じていたのだろう。

「ワタナベ、ミーティングだ、ミーティング。早速、明日だからな」

よーし。こちらも自然と返事に力が入る。やりましょう。

翌朝ミーティングの時間。召集された職員が三々五々集まってきた。みんな急なことで、不満顔

ピーター・ガランフェル。
ヤップ放送局長。愛称ガル

だ。

「なんだ、こんな早くに」

ぜんぜん早くないすよ、もうすぐ昼ですよ。まあ、いいか。来てくれたのだから。

スタッフは集まった。でもひとり足りない。それは他ならぬガル局長そのひとだった。

待つこと一時間。ガルは来ない。誰かが口を開く。

「で、なんで集まっているんだっけ」

あのー、テレビの番組の話さ。新しい番組を始めようって。そう言うと、みんなとりあえずはうなずいてくれた。

でも……。待つことさらに三十分、やがてひとり抜けふたり抜け……。最後に残ったウィリーが僕の肩を叩くのだった。

「まあ、ヤップではよくある話さ」

これでいったい新たなる番組は始まるのだろうか。やけにでき過ぎな夕焼けを見ながら、無理やり笑顔を作るわたし。どうなることやら……。

ヤップの東京音頭

仕事から村に帰ると、毎日がどんちゃん騒ぎだった。宴会のメンバーはいつも決まっていた。僕の身の回りの世話をしてくれるフランじいさん。そして、まだ三十五歳くらいで働き盛りなのだが、妻に働かせ自分はぶらぶらしている「髪結いの亭主」カンシである。ふたりは僕の両隣の住民で、何よりも酒が大好き。というか、底なしに飲む。それはそれは愉快な酒でして、僕は仕事を終え村に帰るのが楽しくてたまらなくなっていた。

妻に先立たれ独り暮らしのフランさん、七十をとっくに過ぎたというのに猿のように身軽だ。愛嬌のある顔。どことなく目元が誰かに似ている。でも誰だか思い出せない。誰だっけ。

「昔からフランじいさんは、ヤップのチャールズ・ブロンソン、って言われてるのさ」

同じ村に住んでいる記者タムンギクが教えてくれた。精悍《せいかん》で力強いマッチョのハリウッド俳優のイメージと飄々《ひょうひょう》としたフランじいさんは直接結びつかないようだが、よく見るとなんとなく似ている。

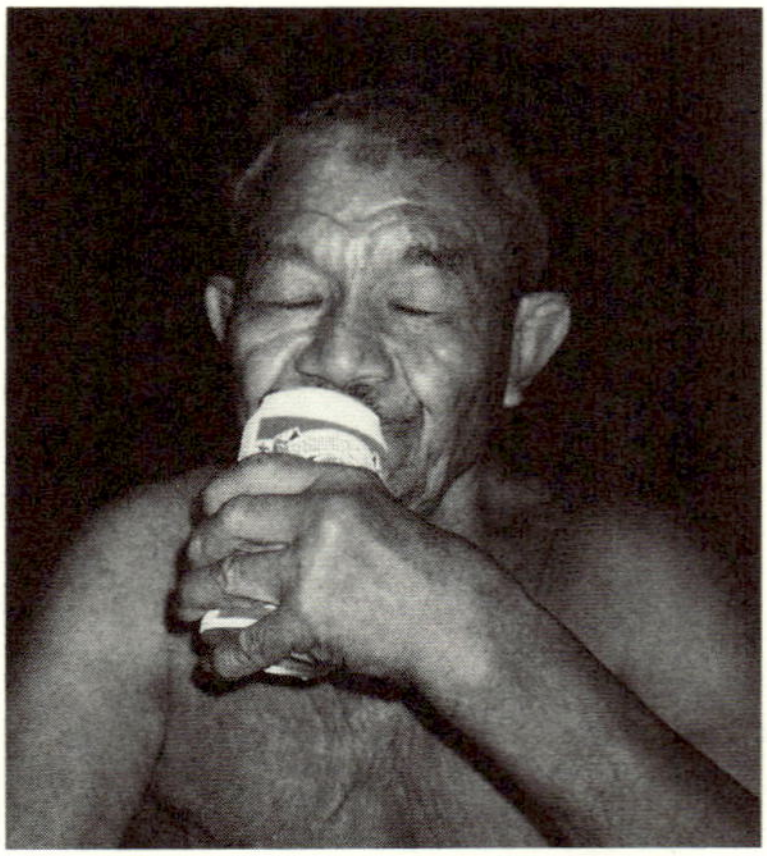

ワニヤン村の隣人、フランさん上機嫌！

さてさて、フランさんは日本統治時代、公学校に通っていたこともあり、酔うと色々と日本語で質問をする。「ワタナベサン、内地《ないち》はどこの出身ですか？」「ワタナベサン、内地の女は好きですか？」「ワタナベサン、内地にはいつ行きますか？」

ヤップの老人たちは日本のことを内地という。とりわけフランさんは内地が気になるらしい。ちなみに日本時代の名残でヤップ語には多くの日本語が溶け込んでいる。飛行機、カッソーロ（滑走路）、新聞、あんぱん、天ぷら（本物の天ぷらなど当然無いのだが何故かサーターアンダギーのことをそう呼んでいた。沖縄の人が戦前に売っていたものだという）。

なんとブラジャーのことは「乳《ちち》バンド」という。うーむ、渋い。それから罰金。たくあん。要は日本時代に初めて紹介された「文化」がそのまま現地語として根付いているのだ。（つまり南洋の地に日本人が住み着く前は誰もブラジャーなどしていなかったということだ。もっとも今でもしてないひとは多いのではありますが）。

その他に、すけべ、ちゅうどく。どうもちょっと変な言葉が根付いているなあ。その昔、ヤップにはスケベがいなかったのかなあ、今はスケベだらけだけど……。

日本語とヤップ語ができるフラン老人、ヤップ語と英語ができるカンシ、そして日本語とほんのちょっぴりな英語ができる僕。三人でいろんな言葉を混ぜ合わせながら真夜中まで飲み続けた。

フランさんは酔っ払うと歌を披露するのがきまりだった。あるとき、仰天《ぎょうてん》させられたことがある。何やら聞き覚えのあるメロディーを歌い出したからだ。

ミヤコヌオセイフォクゥワスダノモリニソビュルイルカワワレラガボコウ……最初は念仏かと思

ったが、そのメロディーから、それは我が母校の校歌「都の西北」であることに気付いた。南の島で聞くことになろうなど、予測してなかっただけに、ちょっと感激してしまいました。

興が乗るとこんな歌も飛び出す。「花の都の、花の都の真ん中であぁ、よっとそれそれ、あー、木曽のなあー、なかのりさん……」

何か変だなあ。どうやらフランさんの記憶の中で東京音頭と木曽節が混ざり合い冷凍保存されてしまっているようだ。ヤップにかつて駐留していた日本の将兵が残した歌をフランさんは覚えたのだろう。驚くことに曲調が違う二つの歌を見事にフランさんはアレンジして歌いこなしていたのだった。まさに時空を超えた編曲である。

フランさんはビール以外にもウオッカやラムなど手に入る酒は何でも飲んだ。しかも大量に、つまみもほとんど取らずに、飲んだ。陽気な酒なのだが、やがてその酒癖が悲劇を招くことになる……。

意味も無く二人でビーチに行くこともあった。水平線にゆっくりと沈み行く太陽を見つめながら老人は何を思っていたのだろう、ひとことポツリと「内地に行ってみたいです」とつぶやいた。それは果たされぬ夢と終わった。

いまも日本で盆踊りを見かけると、フランさんの面影を思い出す。耳の奥で東京音頭（木曽節メドレーバージョン）がうっすらとリフレインする。

突然の強制退去

椰子《やし》の実の収穫、ビンロウジ取り、そして毎日の宴。村に帰るとやることは多かった。平和な生活。これがずっと続くのだろうなと思い始めていた矢先のこと、僕にとって青天の霹靂《へきれき》、異変が起きた。

それはひとりの日本の学生がワニヤン村に入り込んだのがそもそもの発端である。そのひとは大家の離れに住み始めた。そのような生活が初めての体験だったらしく、大家の家から日本の友人にはしゃいで電話をかけていた。「ねえねえ電気が無いんだよお。信じられるぅ?」。なんか完全な観光客の乗りである。

それから数日がたったときのことだ。

「ワタナベサン、悪いが出て行ってくれないか」

きょとん。どうして……。大家は珍しく真顔だ。睨《ね》め付けるように言い放つ。

「あなたのお金、足りないんだよ」

僕は毎月の宿代を州政府を通して大家に支払う算段になっていた。そのことは大家もすでに了解しているはずである。いまさら、なんでだろう。

聞くところによると、学生は、ヤップとしては破格の数百ドルという大金を毎月大家に払うことにしたのだという。その宿代に比べ、ヤップ州政府から支払われる僕の宿代は数十ドル、十分の一にも満たない金額である。当然お金になったほうがいい。僕が逆の立場だったらやはりそうしただろう。味をしめた大家さん、もっと実入りになるヤップの金銭感覚を無視した日本や外国の学生を自分の所に住まわせることにしたのだった。

日本でもこれだけのお金を払えばそこそこの所に住むことができるだろう。しかもここはヤップだ。一般人の月給が二百ドルくらいなのにその数倍になる宿代を払う必要があるのか。こんなことをしたら村は甘やかされるのではないか。それは回りまわってヤップの文化そのものを壊すことになるのではないか。

ヤップの文化を研究しに来たというそのひとを遠く見やりながら、僕は思ったのだった。あなたのやっていること、それは本当にヤップのためになるんでしょうか。

未練はあった。村に代え難い友人知人ができ始めていた。ビーチで見る夕日は毎日見てもあきない風景だった。年の離れた友人フランさんとももっと語り明かしたかった。髪結いの亭主カンシもいい飲み友だち。引きちぎられるような虚無感が僕を襲った。

フラン老人、カンシ両名に別れを告げて僕はその村をあとにした。割り切れない気持ちを抱えながら。

バッグは男の財産だ

僕にはヤップにふたりの先生がいる。ひとりはヤップ語を教えてくれたモチエン先生だが、もうひとりがフヌヲさんである。フヌヲさんは僕の「生活文化」の先生だった。

ミクロネシアに数多《あまた》ある島の中でも独特の文化を保ち続けるヤップ島。それだけに習慣は複雑で多岐にわたる。ちょっとその辺を歩くだけでも要注意だという。目上のひとの前を横切るときの腰のかがめ方ひとつでもいろいろあるらしい。

これはたいへん。なんとかしなくちゃ……。というわけで、右も左もわからない僕に、その後の生活の礎《いしずえ》ともなる様々なしきたりを教えてくれたのがフヌヲさんだったのだ。

朝十時。フヌヲさんは時間どおりに待ち合わせの場所に現れた。七十は越えているようだが、はっきりとした年齢は本人もわからないのだという。フヌヲさんは、フランさんや大家のL同様、日本の公学校に通っていたので旧式だが流暢《りゅうちょう》な日本語を操る。僕と対面すると直立して一礼。なんという丁寧な方だ。実直そうな面持ち。でも……。ごそごそと自分のバッグに手を入れると缶ビールを取り出して飲み始めた。まだ朝ですよー。

さて、生活文化の一時間目、このバッグをめぐってフヌヲさんの話は展開されたのだった。

「ワイは男の財産そのものなんですよ。だからね、家みたいなものなのです」

家？　これがですか？　フヌヲさんがワイと呼んだものは椰子《やし》の葉で編んだ一見なんの変哲もない手籠のことだ。とても家と比較できるような代物ではないように思えるのだが、どっこい、大変大切なものだった。

街にいるひとたちをよく見ると、男たちは必ずこのバッグを持ち歩いている。そのワイの形でどこの村出身だかがわかるという。形こそ随分と違うけど、一種の「ＩＤカード」のようなものなのだ。ワイの大きさはそのひとの身分を証明するもので大きいほど偉いとされる。

ワイを持たずによその村に行くことは固く禁じられている。その村を侮辱したことになり村びとに暴行を受けても文句は言えないそうだ。

「村を裸で歩くようなものですよ」。ビールを飲みながらビンロウジをかじり始めたフヌオさんは、赤い涎《よだれ》をぬぐいながら語る。「裸で歩くの、恥ずかしいでしょう」。うーむ、それはそうだが……。外見は取り立てて特別な形をしていないだけに、「たかがバッグ」と思ってしまう。どうしてもそんなに重要なものには見えないのだ。ということは、中に入っているものが凄《すご》いのではないか。家と同じということは、巨額の富が入っているとか？

ではワイの中を見せてもらうことにしましょう。金目のものは果たしてあるのか。フヌヲさんのワイを見せてもらったが、あれー？　財布などは入っていない。その後もいろんなひとのワイを見せてもらったが、二、三十ドルくらいはたまに見かけたけれど、それ以上の現金など入っていたことはない。

お金入れてないんですか。思わず聞いてしまった僕に、フヌオさんはやわらかな笑顔でこたえる。

「ワタナベサン、ワイはお金より重要なものが入っているんですよ。何だかわかりますか」

お金より重要なものなんてあるのか。貨幣経済にどっぷり浸かって生きてきた僕には難しい問いである。

相変わらず笑みを浮かべたまま、フヌヲさんがバッグから取りだしたもの、それは……。絶対無比の必需品の三点セット（ビンロウジの実ブーと葉っぱ、石灰の粉）だった。

「わたしたちは自分が噛むより余分にブーを持ち歩きます。ブーはね、ひとと仲良くするために大事なんです」

ブーは重要な「社交道具」で、その実をひとにあげることは「俺ら、友達だぜ」という意思表示だという。

次に出てきたのは小型のナイフだった。

「これでわたしたちは何でも作れるんですよ」

だんだんと気付かされたのだが、ヤップのひとは本当に器用だった。ナイフ一本で木の枝から釣り具や様々な生活小道具を作り出してしまう。まさにナイフは万能。だから爪楊枝がわりに使っているひともいる。危ないなあ。

「自分がね、誰かわかってもらうためワイはほんとうに大事なんです。家なんか持ってなくたって恥ずかしくない。でもね、ワイはね、絶対持ってないといけないんです」

ブーを入れナイフを入れる。

ブーは社会とのつながりで大きな意味を持ち、ナイフは生活上必要なものをどんどんと作り出す。それまで僕が使っていたバッグというと、仕事の道具に財布に定期にクレジットカードが入っていた。なんかことがあると、すべて「お金」が解決、自分で何かを作り出すなどという発想はまったくなかった。

よく見るとフヌヲさんは痩身だが、腕の筋肉が力強く盛り上がっており、生活力の強さを感じさせる。変な話、浅黒く日に焼けたフヌヲさん、カッコイイ。それに比べ僕はひ弱でカッコワルイ。

ヤップのひとたちの誇りでもあるワイの中には、社会の中で暮らしていくエッセンスが詰め込まれているのだった。

文化を教えてくれたフヌヲさん。
右にあるのがワイ

歴史が作った語学の天才

「こんにちは、日本のお方。こっちへいらっしゃってください」

チャモロ湾に沿った道を歩いていると、いつもの威勢の良い声が聞こえてきた。僕がのんびりとした歩調を保っていると、やたらと丁寧だった日本語が一転する。

「早くしないか、貴様。何やってる。変な日本人」

それでも急いだ様子を見せないでいると、痺《しび》れを切らしたのか、それまでの日本語が、今度は急に甲高い英語に変わる。

「カムアップヒアー・クレージージャパニーズ。~~ファック~~・ユー。サン・オブ・ア・~~ビッチ~~。ハリーアップ」

来た来た、いつもの罵詈雑言《ばりぞうごん》だ。聞くに堪えないスラングではあるが、声の主に悪意はないようで、すぐに高らかな笑い声に変わる。藪《やぶ》の奥を覗《のぞ》き込むと、真っ白な髪をした老人がこちらにウィンクをする。彼がヤップ島の名物男、アレックスである。

「こんにちは。どうぞどうぞ。よくいらっしゃいました」

僕が近付いていくとビンロウジで口を真っ赤に染めたアレックスは急に丁寧な日本語で深々とお

辞儀をする。まだ午前中だが、近くにはプルトップを開けたバドワイザーの缶が置いてある。

アレックスの肌は、ヤップに暮らしているとは思えないほど真っ白で、目は青く、顔立ちは彫りが深い。実はアレックスは国籍こそミクロネシア連邦国だが、ヤップの血は一滴も流れていないのだ。フルネームはアレクサンダー・トレトノフ。母はロシア人で、父親はドイツ人である。

アレックスは語学の天才である。ヤップ語は当然のことながら、ロシア語、ドイツ語、そしてやたらにスラングばかりの英語を巧みにあやつる。そしてほとんど癖がない、やたらと丁重な日本語をも話す。このバイリンガルならぬ（五ヶ国語こなす人、なんていうんでしょうか）、マルチ語学の天才が誕生した背景には、列強国に翻弄《ほんろう》され、数奇な運命をたどったヤップの歴史があった。

アレックスによると、ウラジオストックに住んでいた両親はロシア革命のころに、ロシアを脱出した。共産主義の到来を恐れての国外逃亡だった。

両親は客船でとにもかくにも一番近くの外国、日本を目指した。そのまま日本に永住しようとしていたが、たまたま読んだ本に書かれていたヤップに魅せられ、一念発起、島にやってきたとのこと。すでにヤップはドイツ統治時代が終わり、日本領だったが、両親はヤップに留まり続けた。そしてアレックスが誕生する。アレックスの幼少時はまだ島民の多くがドイツ語を操《あやつ》れたといい、そんな環境下、少年は自然とドイツ語を覚えた。

学校に上がったアレックスは、今度は日本語で教育を受けることになる。肌の白いアレックスは、地元ヤップ人が行かされた公学校ではなく、日本人と一緒に国民学校に通った。父親が同盟国ドイツ人だったことも影響したのであろう。アレックスの日本語がやたらと丁寧なのは、国民学校で旧式の丁寧な日本語を学んだためと思われる。ときに荒っぽい命令調になるのは日本軍の影響か。

そして太平洋戦争が終結し、アメリカのヤップ統治が始まり、米工兵隊がヤップにも駐留するようになる。アレックスは米軍のボートの操縦士を数年にわたって勤めた。米軍の船でシンガポール、香港、青島、フィリピンを巡《めぐ》ったこともある。だから米軍仕込みの随分と荒っぽいスラングばかりの英語をしゃべるというわけだ。

そのころヤップ人の奥さんと結婚、すっかりヤップ人と同じ生活風習に暮らすようになった。

父が初めてやってきたドイツ統治の名残があった時代、戦前の日本、戦後の米国……。時代の縦糸から生まれたアレックスの語学力は、ヤップのたどってきた歴史が凝縮されたものなのだ。


「モイ・モイ！　ガンマナガン？（来い来い。どこへいくんだ）」

アレックスの日常は変わっている。終日、目の前の道を歩くひとを藪《やぶ》越しに観察、語学力を生かして、話しかけまくり、自分の家の軒先に呼びつけるのだ。そこで何するわけでもなく、井戸端話を楽しむ。

ハエ取り紙に吸い寄せられるように、次々といろんなひとが入れ替わり立ち替わりアレックスの家にやってくる。相手がアメリカ人と見て取るやスラング英語で呼び寄せ、日本人のダイバーが通りかかるとやけに丁寧な日本語で語りかける。ごくたまにだが、ヨーロッパから来たと見られる通行人が通ることがあるが、そんなときには昔取った杵柄《きねづか》のドイツ語の登場だ。さすがに僕がいる間にロシア語を使うチャンスは一度もなかった。

でもアレックスはこうして暇をつぶして過ごしているだけではない。二十年前に政府の土木課の仕事を引退したのだが、以来自分のモーターボートで漁をして生計をたてているのだ。

若い頃ひとりで漁に出て潮に流されてしまい、太平洋を彷徨《さまよ》った経験を持つ。エンジンが壊れ、折悪しく襲ってきた暴風雨にも耐え、かろうじて魚を釣って干物にして飢えをしのいだ。三週間後、フィリピンの近くで日本船に助けられ九死に一生を得たという。語学の天才アレックスのもう一つの姿は、まるでヘミングウェイの小説の題材にもなりそうな勇敢な漁師なのだ。

ヤップに着いてまだ間もない頃、僕を夜釣りに誘ってくれた。夜中の十二時過ぎ。それまで、漁の経験も釣りの経験もなかったので、緊張しながら船に乗り込む。

沖に出たところでエンジンを切って釣り糸を垂れる。あふれるような星、静かな波の音。遠くに島明かりがぼんやりと瞬《またた》く。海ガメが間近の水面で呼吸する息づかいと遠くで鳴くイルカの声が混じり合って聞こえる。あ、流れ星だ。

傍らでは昼間とうってかわって真剣な目つきのアレックスがてぐすの糸をたらし、次から次へと大物を釣り上げている。魚だけでなかった。一緒に乗っていたアレックスの親戚のキラファーは漆黒の海に飛び込み海ガメを生け捕りにしてきた。

夜中の三時過ぎにそれまでにない大きな引きがアレックスのてぐすに来た。長時間の格闘の末、引き上げられたのはなんと、一匹の大きな鮫《さめ》である。

どうしよう。かまれたら大ケガするのは間違いない。僕はオロオロとして右往左往するのが精一杯。でもアレックスは手慣れたもので、鮫を棍棒で殴《なぐ》りつけて失神させ、再び海に放つ。僕はひたすら足手まといにならないように気をつけるだけだ。ほとんどお荷物状態でありながらも、満天の星空を眺めながら、不思議な恍惚《こうこつ》を感じていた。

だんだんと薄く明けていく東雲《しののめ》が徹夜明けの両眼に美しい。一晩かけたというのに、僕の収穫はゼロ。

「ダメだなあ。それでも日本男児か」

寝ぼけ眼の僕に勇敢な漁師アレックスがウィンクする。大漁の魚を乗せた船は、しぶきをあげながら、まだ眠りからさめぬコロニアに向けて突っ走っていく――。

アレックス・トレトノフ。ヤップ生まれのロシア人。島を代表する勇敢な漁師

ゴキブリハウス

一匹、そしてまた一匹。いったいどこにこんなにたくさん隠れていたんだ？　ウジャウジャと湧き出すように僕の前にあらわれたのはゴキブリだった。

黒い影が天井や床に染みのように広がり、蠢《うごめ》く。そのうちの何匹かが部屋の中を飛び始めた。僕をあざ笑うように耳元すれすれを飛ぶヤツもいる。殺虫剤をいくらかけても、次から次へとリザーブ要員が送り込まれてくるからたまらない。助けてくれ。

壁の向こうからは、ひっきりなしにうなり声が聞こえる。天井から何かが顔の上に落ちてきた……。ムカデだあ。新たな住居、それは魑《ち》魅魍魎《みもうりょう》がはびこる泉《いずみ》鏡花《きょうか》的な世界だった。

ヤップに来て一ヶ月あまり。自然に囲まれた村の生活を、不本意な形で断ち切られてしまったが、終わってしまったことは考えても仕方がなく、協力隊の前任者の落合さんが住んでいたアパートが空いたままになっていたので、そこに暮らすことになった。放送局から歩いて三分だというから、かなり便が良い。新たな住居に期待がたかまっていく。

アパートは丘の中腹にあるということだったが、坂を登り始めると何やら異臭がしてきた。メタンガスのようだった。近付くにつれ、匂いは強くなり、鼻を突きさすようである。

現場に到着。何だ？　ここは……。目の前にはゴミが山のように積み重なっていた。焼却などされず、そのままの状態で、生ゴミも不燃ゴミも一緒に放置されている。食い物のカスや赤ん坊の使用済みのオムツなどに混じって自動車の部品も捨ててあった。気温が高いものだから、ゴミは発酵し、あたりにあやしい匂いをまきちらしていた。

こんなところに住むのか？　アパートはゴミ捨て場から五メートルも離れていない。道路から見ると一階建てだったが、裏に回り込むと、二階建てであることがわかった。斜面を利用して作られていて、階下の部屋があったのだ。まだ風通しが良さそうな上の部屋だったら良かったのだが、よりによって窓が少ない日当たりの悪そうなその「地下室」が僕の新たなねぐらだと知る。

ドアを開けたとたん、目の前を何物かが駆け抜け、黒い影を残し、ベッドの奥に潜りこむ。台所の方でも物音がする。

ゾゾゾーッ。背筋に冷たいものが走る。物の怪《け》か？　心臓がバクバクとしてきた。

ニャーオ。ベッドの向こうから鳴き声がすると、それにつられるように台所からもか細い声が聞こえてきた。

なんだ。猫だったか。安心すると同時に、その数に驚かされる。計六匹なり。三匹のおとなと三匹の子猫である。どうやら彼らは僕の先客で、そこを自分たちの住処と決めつけていた。六匹の猫はこちらの存在を無視して、我が物顔で部屋を走り回っている。

やはり斜面に建てられただけあって、部屋は薄暗く湿気が立ち込めていた。エアコンなぞ当然無いわけだから窓を開けっ放しにするしかない。悪いことに、窓はすべてゴミの山側に設えられており、風が吹くたびに、怪しい匂いが運ばれてくるのだった。うーむ。この空気を吸い続けて、果たして大丈夫なのかしらん。近所のひとに聞くとそこはヤップの「スモーキーマウンテン」と呼ばれているらしい。シャワーなぞ便利なものはないのだが、部屋を出たところに蛇口があり体を洗えるようになっていた。そこは便所も兼ねた場所だった。

しかしここも自由に使えたのは僅《わず》か数日だけ。

その日は職場から帰るのがいつもより遅くなり、すっかり夜が更けていた。暗がりの中、用を足そうと便所に近づくと、低いうなり声がするではないか。

またか。今度は何だろう？　緊張が全身をつつみこむ。見ると、何やら毛に覆《おお》われた生き物が横たわっているではないか。

二匹の犬だった。カップルのようで、痩せ犬の方が僕に向かってうなり声を発していた。もう一匹は異様に腹が膨《ふく》らんでいて、どうやら妊娠しているようである。便器に近付こうにも近付けない。結局近くの藪《やぶ》で用を足すしかなかった。

雌犬は体が重いためか、その日から我が便所から一歩も動かず、一日中ごろごろするようになった。妊婦を刺激するといけないと思うと、僕はろくに便所にもいけなくなってしまった。こいつは参った。

部屋の中には猫。部屋の外には犬が常時スタンバイしている不可思議なアパート。

でも新居の仲間は彼らだけではなかった。部屋に一番多く住み着いていたのは……ゴキブリだった。その数は猫や犬の比ではない。一度、数えてみたところ、一晩に十七匹も殺生してしまったこともある。

ある真夜中のことだ。異様な感触にハッと目ざめると、顔の上を何ものかが這っているようなのだ。な、なんと……頬の上をゴキさんが闊歩《かっぽ》しているではないか……。あまりのことに全身は金縛り状態になり、思考も停止、そのままゴキブリが通過するのをひたすら待つのみ……。鼻の近くを横切る時にゴキブリの匂いをしっかりと嗅いでしまったのだが、強烈な廃油のような匂いがした。初めてゴキブリが油虫と言われる理由がわかったのだった。今思いだしても胸がむかむかする。

ゴキさんが去り、ようやく寝ついたのだが、どれくらいたってからだろうか、耳元から額の上をぞろりぞろりと蠢《うごめ》くものがある。またか。しかし今度はどうやらゴキブリではなさそう。モソモソと動く物体、足の数が多いのだ。なんとムカデだった。

いい加減にしてくれ。僕は叫び出したくなった。これだけ殺生してもなお、独り寝の身を慰めるように生き物たちは僕にまとわり続けた。魑魅魍魎《ちみもうりょう》に囲まれた高野聖《こうやひじり》の心境というのもこんなものだったのか。

ヤモリが鳴き、野犬が鳴き、もはや眠ることができない。闇の向こうに無数のゴキブリがいると思うとたまらない。明け方にようやく寝付くことができたのだが、夢の中で、自分自身がムカデになっていた。

鏡花、そしてカフカ的なヤップのスモーキーマウンテンアパート、誰か助けて下さい。

カンシの涙

村を追い出され、ボロアパート住まいを続けていた僕。ゴキブリに悩まされながらも、だんだんとその暮らしに慣れてきていたある日、街を歩いていると、遠くで大柄の女性が手をふっている。よく目をこらすと、島で唯一の病院・ヤップ州立病院で働くナースのナムガイだった。

「モイモイ（こっち来い）」

僕が近付くと、照れたように言うのだった。

「ワタナベ、カンシがさびしがっているよ」

「髪結いの亭主」カンシ。ナムガイの夫で、僕が村に住んでいた頃の飲み友だちである。姉さん女房のナムガイに街に稼ぎに行かせ、本人は日中、ビンロウジの採集をする以外はやることがないらしく、いつもぶらぶらとしていた。きわめて寡黙な男で、とりわけ何か気の利いた話をするわけではないのだが、不思議なことに気持ちが通ったのだった。僕が村を出て二ヶ月あまり。カンシとはその後会っていなかった。

シャイなナムガイは、僕の方を見ずにボソッと言った。

「うちにホームステイしたらどうかって、カンシが言っているわよ」

思いがけない話だった。一瞬にして美しいワニヤン村の風景が脳裏に甦《よみがえ》る。ああ、あの白い砂浜、揺れる椰子《やし》の木々……。でも一瞬にして現実に戻される。カンシの家を思いだしたからだ。

彼の家は、裏の森で切り出した植物の幹とどこかで拾ってきた廃材を組み合わせ、それにトタンを張り巡らせただけの簡素なもので、悪いけど家というより小屋に近かった。かなり辛辣《しんらつ》にいうと、ドリフの全員集合のコントに使われるような普請で、いつ壊れてもおかしくないように思えた。夫婦には六歳になるカシンドラという娘がいたが、二畳間が二つほどで、お世辞にも広いとはいえず、家族三人が住むので一杯にちがいない。しかしナムガイは本気だった。

「今週から来ればいいわ。あなた次第だけどね」

行くべきかどうか、かなり悩んだ。僕が行くとなると、みんなどこに寝ることになるんだろうか。重なり合って眠るしか方法はなさそうに思えた。さらに決定的な問題もあった。カンシの家の窓には、ガラスも網戸もついてないのである。完全なアウトドアーライフで気持ちよさそうに思えるが、問題はヤブ蚊だ。ワニヤンは蚊が異様に多く、そいつらが夜通し僕をターゲットに群がってくるのを想像すると、どうしても二の足を踏んでしまう。

でもあの村が忘れがたかった。フランさんの笑顔が心に浮かぶ。こんなチャンスはまたとないように思えてきた。よし、行こう。普段の日はともかく、週末だけだったら、家族の負担も少ないだろう。僕は、ふたたびワニヤン村を訪ねることにした。

やはり……最高だった。まるでそれまでのいざこざが嘘だったように村は暖かく僕を迎え入れてくれた。もっとも元大家のLさんだけは、事の成り行き上、あまり具合が良くないのだろう、僕と出会っても黙礼するくらいだった。カンシは当然の事ながら宿代などは請求もしてこなかった。

週末になると僕は手みやげを持って、カンシの家族と過ごすのが習慣になっていった。僕にあてがわれた部屋はカシンドラが普段使っている部屋で、彼女と一緒に寝起きすることになった。二畳ほどの部屋に二人は結構きつく、カシンドラも最初は当惑気味だったと思う。彼女は英語をしゃべらないので言葉も通じず、すべてボディーランゲージだったが、だんだんと妙な親密感が生まれてきて、なついてくれるようになった。ナムガイは親切で、居候状態の僕に、あれこれ気を回してくれた。恥ずかしがり屋でほとんど口もきかないのだが、時々浮かべる笑顔にホッとさせられる。まるで観音様のようなひとである。カンシの家は家族の絆《きずな》とあたたかさを感じさせる場所だった。

蚊には閉口させられたが、とにかくカンシとフランさんとでれでれになるまで飲むと、あまり気にはならなくなった。でも悪いことに蚊はアルコールの匂いが好きなようで、一晩かけてかなり丁寧に全身を刺しまくってくれた。朝起きると身体中ボコボコに腫《は》れ上がっているのだが、それもまた一興《いっきょう》である。僕はすっかりカンシファミリーの一員になっていた。

寡黙な正直者、そんな代名詞がぴったりのカンシ。しかし、彼にも大いなる欠点がある。悪酔いすると、目が据わり、物事の判別ができなくなり、人格が豹変してしまうのだ。そんなカンシの酒癖が思わぬ悲劇を引き起こしてしまった。

僕が村に帰らなかったとある日のことだ。僕は街中でナムガイとばったりと出会ったのだが、その形相に驚かされた。ただでさえふくよかなナムガイであるが、顔が一・五倍ほどにふくれあがっているのだ。おたふく風邪にでもかかったのかと最初は思った。しかしよく見ると顔中に青あざを作っている。これは……ひょっとして……。僕は酒に酔ったカンシの凶暴な目つきを思い出していた。

果たして想像したとおりだった。ナムガイは僕の顔を見ると、みるみる目を潤《うる》ませ告白した。泥酔したカンシは、就寝していた彼女を叩き起こし、執拗《しつよう》に殴《なぐ》り続けたという。思いあたる理由がないだけに、ナムガイの悩みは深い。もう、カンシとは暮らせないわ、うつむきながらナムガイはボソッと言った。前日から、ワニヤンを出て、実家に身を寄せているという。

これは大変なことになった。その日のうちに村に行ってみると、カンシは完全に放心状態で、しょげ返っていた。家にはカシンドラもおらず、殺風景で、あのぬくもりがどこからも感じられない。まるで廃墟のようだ。うつろな目線は宙を泳ぎ、話す気力もなさそうなカンシと向き合っていても、うまく言葉が探せない。その日こそ泊まったものの、ナムガイがいないカンシの家に行く気にはならず、僕は自然とワニヤン村に寄り付かなくなっていった。

三ヶ月ほどたって久しぶりに村を訪ねてみた。残念ながら、ナムガイは戻ってきていなかった。カンシの髭《ひげ》はボウボウ、髪はぐちゃぐちゃに乱れている。カンシはそれ以来酒を断っているという。本当に自分はバカだったと毎日悔やむのだという。訥々《とつとつ》と語る憔悴《しょうすい》しきったカンシの顔を見ていると、ふつふつと怒りがこみ上げてきた。なんで、今更、反省しているんだよ。遅いじゃないか、気付くのが。あんな優しい女性に暴力をふるったカンシを憎らしい、と思った。

その夜、久しぶりにフランさんと飲んだ。いつものようにフランさんは紀州の民謡のようなものを歌いだした。酒を断ったカンシは、コーラを飲みながら、楽しそうに笑っている。十五夜の月が美しく、フランさんの歌声を聞いているうちに、今までのことが嘘のように思えた。近くにナムガイとカシンドラがいるような親和感がよみがえる。海のしぶきの音がワニヤン村に響く。しかし、そんな錯覚も、カンシの叫び声によって、完全に打ち破られた。

帰ってきてほしい、妻よ。もう、二度と同じことはしないから……。俺は改心したんだ。泣きながら、カンシはおめいていた。

しかし、これ以前にもカンシは酔っぱらうとナムガイにいわれのない暴力を繰り返していたことを僕は聞いていた。また、帰ってきたところで再び同じことが繰り返されるのだろう。波の音にまけじと叫ぶカンシの声を聞きながら、僕は虚しさに襲われた。

日本でもドメスティック・バイオレンスは深刻だ。それでも近年は、法整備が進み、少しずつではあるが、改善の兆しがある。しかし女性が軽視される傾向にあるヤップではそのような法律はまったくなく、女のひとに暴力をふるうことがちっとも野蛮なこととされていない。DVはカンシに限ってのことではなかった。

愛すべきヤップの文化。愛すべきヤップの自然。そしてそこに暮らすおもしろきひとびと。僕はヤップに魅了され、はまり込み始めていた。しかし、女性蔑視とドメスティック・バイオレンスだけはどうしても馴染《なじ》めず、理解ができなかった。ヤップのドメスティックバイオレンスは文化とか生活習慣という言葉で片付けてはいけない問題だった。

カンシの涙に僕は同情することができず、ウィークエンドの楽しみだったワニヤン村での生活は実質上、終わりを告げた。

愛犬家のみなさん、ご注意を

僕のアパートの便所を占拠していた妊娠中の犬がある日、雄犬とともにいなくなっていた。いやあ、ホッとした。これで思う存分トイレに行くことができる。

数日後、仕事から帰ったら吃驚仰天《びっくりぎょうてん》。玄関先にすっきりとしたボディになった雌犬がいて、その脇には小さな五匹の子犬がくつろいでいるではないか。どこか別の場所で出産して、律儀なことに、またもや僕のもとに帰ってきたのである。（ちなみに旦那である雄犬はどこかに消えてしまった）。こうして僕の同居者は猫六匹と犬六匹、それに星の数ほどのゴキブリさんとあいなったわけである。

猫どもはふてぶてしく愛想がないのだが、雌犬は妙に懐くようになっていた。朝、放送局に向かおうとするとまずは玄関先から母犬が付いてくる。子どもたちはまだヨチヨチ歩きで玄関先から見送るだけだ。

僕を先導するように母犬はテクテクと歩く。つぶらなひとみで僕を見上げる姿を見ると、とても愛しい。僕は母犬を忠犬おかあさんと命名した。坂道を上っている間に、どこからともなく野良犬どもが集まってきて、僕の後をぞろぞろとついてくる。職場に着く頃には十匹ほどの犬が僕を取り囲んでいるのだった。なんだか「ハーメルンの笛吹き男」状態なのだった。中でもおかあさんを始めとする数匹はそのまま午前中一杯、放送局の玄関先でひなたぼっこをして帰っていくのが日課になった。何が楽しいのかわからないが、悪い気持ちはしない。虫、動物に囲まれながらの生活、イソップ物語のようでなかなかにぎやかな世界である。

僕の家に限らずヤップには雑犬が多い。誰がどのような目的で持ち込んだものかは定かではないが、番犬として飼っているひとはいない。かといって当然、ペットとして飼うような酔狂なひとはいない。取りたてて理由もなく、ただその数を増やしてしまったようだ。

しかし、時として犬が重宝されることがある。何のため？　それはタンパク源としてである。ヤップでは一部のひとを除いて、犬を食べるという習慣はない。タンパク質のものは結構潤沢《じゅんたく》に手に入る。魚、チキン、そしてアメリカから船で運ばれてきた冷凍の豚などを主に食べている。しかし魚が釣れないことがある。鶏がいなくなってしまうこともある。豚を買うお金がないことがある。そんなときに急にクローズアップされる存在が犬なのだ。とある時、一匹の無辜《むこ》の犬が悲劇の主人公となっていった。

友人のアメリカ人ベンが、飼い犬同然に養っていた一匹の犬、マグナム。ベンはドッグフードをわざわざグアムから取り寄せ、しっかりと与えていたから肉付きも良かった。毛並みもよくその辺の犬の中では飛びぬけて垢抜《あかぬ》けていた。

悲劇は突然におきた。ある時、ベンが長期出張から帰ってくると、なんとマグナムがいないのである。ベンによる必死の捜索が何日も何週間も続いた。突如の雲隠れにベンは憔悴《しょうすい》の色を隠せない。

その後のある日、ベンの隣村に住む記者ウィリーが酔っ払い、衝撃の告白をした。

「可愛そうなアメリカ人だ。マグナムは探したっていないよ」

え？

「やつはとうの昔にこの村の若者たちの胃の中に納まり、消化されてしまったよ」

な、な、なんと。ベンの不在をいいことにマグナムは料理されてしまったのだった。

確かにマグナムは肉付きもよかったし、変な話、食い甲斐がありそうだった。並外れた体格、それがあだとなってしまったのだ。

僕が島を離れる時もまだベンはマグナムを捜し求めていた。二年越しの捜索活動だった。

「まあ、気を落とさないで。今度は……」とベンに言いかけた僕はその後の言葉を胸の中で押し殺した。今度はあまり体格の良くない犬を可愛がるのがいいよ。食欲を催さないような貧相なやつをね。

今日もお腹をすかした若者が第二、第三のマグナムを狙っているのかもしれない。ヤップの愛犬家のみなさん、ご注意あれ。

ヤップ小学校の授業のひとこま。（保健の時間、手洗い）

chapter2＊ヤップＴＶ奮闘録

ニウスに向かって一致団結！

「一ヶ月後にテレビのローカル番組をスタートさせてくれ」

トニー総局長に言われ、ノーと言えなかった僕。弱ったことになったなあ。それまで日本のテレビ局で五年間働いてきたが、テレビの番組制作とはかなり面倒なもので、手間暇がかかることだけは骨身に染みていた。

たとえば、週に一回のニュース情報番組を作ることになったとしよう。いろいろなコーナーがあるため、ディレクターだけでも数人が必要だ。それ以外にニュース記者やカメラマン、照明音声などのテクニカルスタッフ、音響効果、編集マン、さらにはスタジオの美術など、あらゆるジャンルのひとたちが集められる。プロの技術を結集したチームワークがテレビの番組の原動力なのである。

だがヤップ放送局にはその技術のすべてがないといって良かった。トニーには簡単にやろうと言ってしまったが、オール素人が一ヶ月で番組を作りあげるというのは、ほとんど荒唐《こうとう》無稽《むけい》な絵空事に思えてきた。僕はとんでもない口約束をしてしまったのである。でももう後戻りはできない。正直なところ、俗人的だが、早く職場の一員として認められたかったのも事実だ。そのためにも、やるしかない。ヤップ島に上陸してから早くも数週間がたっていた。

取りあえずの相談相手は、やはり局長ガルだった。今度の番組、どんな風にしましょうか。

「そうだなあ、よし、これは記念すべき番組だ。ラジオも同時に流して華々しく船出をしよう」

さすがアイディアマンである。ただガル、自分で言ったことを忘れてしまうのか、放置したまま発展せずに終わってしまうことも多い。この日もこれだけ言ったら帰ろうとするので、僕は慌《あわ》てて引き留めた。とにかく、スタッフだけでも決めないと始まらない。

「よしわかった。来週月曜日にミーティングだ」

明くる月曜日、今度は言い出しっぺのガルがキチンと来てくれており、ホッとさせられた。久しぶりの「イベント」とあって、集まってきたスタッフ全員楽しそうだ。みんなの明るい表情を見ていると何かを期待できるような気持ちになってくる。

新番組は二週に一回、金曜日のゴールデンアワーに放送することになった。生放送ができる設備はないため、ビデオテープに事前に収録し、土曜にも同じ内容のものを再放送する。

重要なのが番組のタイトル。意見が分かれる。「村の時間はどうだ」「ヤップの夜明けはどうだ」「ヤップでこんにちははどうだ」。どれもぱっとしない。

すると考え込んでいたガル、いきなり黒板に文字を連ねた。ＹＡＰ　ＮＩＵＳ。

「ワタナベ、これでどうだ」。ヤップニウス？　ニュースならスペリングが違うぞ。

「ニウスはヤップ語でニュースという意味なんだ」。なるほど。気の利いたタイトルではないだろうか。ガルのひらめきはかなりのもので、それ以降も何度もこの発想に助けられることになる。それでいきましょう。

タイトルは決まった。次に仕事の分担である。放送局にあるカメラは二台だ。一台目のカメラは若くて体力があるギルマタムがメインでやることになった。もう一台のカメラはとりあえずは僕が担当し、ニュースのネタ集めとコメント原稿書きはベテランウィリーに任せることになった。ビデオ編集もギルマタムがやることになった。

番組は島で起きたニュースをスタジオのキャスターが読みあげていくスタイルにした。次々とスタッフからアイディアが寄せられる。毎週、一番のニュースはその背景も取材して特集扱いにしよう。ヤップの自然をじっくりと探るコーナーはどうか。ヤップ特有の文化芸能を紹介したらいいのではないか。

どんどんとニュースの構成が決まっていく。放送時間は一応四十五分間だが、その週のニュースの有無で時間は伸縮自在な編成にすることにした。日本ではありえない話だが、無理に時間を引き延ばす必要もなく、かなり理にかなった発想だ。ネタに事欠いて捏造《ねつぞう》番組を作ってしまうような危険もない。かくして新しい番組「ヤップニウス」の基本方針は固まった。

さて、そこまではいい。では、キャスターはどうしよう。番組の顔ともなる司会者である。一同顔を見合わせ、沈黙状態。するとガル、何を思ったか突如、威勢よく声をあげた。

「司会は俺がやる」

一同唖然《あぜん》。そして黙殺。ガルも座の雰囲気を察してか、それ以上自己主張をするのをやめてしまった。ちょっとバツが悪そうだ。自分に言い聞かせるように何回もうなずきながら着席する。するとウィリーが思いついたように大きな声を出す。

「パティーはどうだ」

みんなの顔が輝く。パティー？　僕の知らない名前だ。

「トニーの秘書の一人だよ」

お、あの女の人か。目鼻立ちが整った彼女の横顔が目に浮かんだ。あの人だったらテレビ映えしそうだ。よし、パティーさんにしましょう。

翌日、放送局にパティーさんが招聘《しょうへい》された。いらっしゃいませ、どうぞ、どうぞ。普段、なんというのか、女っ気がない放送局（ラタンおばさん、テニグモさん、ごめんなさい）が華やぐ。さあ、役者はそろったぞ。心が弾む。さあ、リハーサルの開始である。

すると……。まずいぞ、これは。スタジオカメラの前で原稿読みをしてもらったのだが、パティーは緊張しているのか、照れてしまうのか、あっち見たりこっち向いたりで全然集中しないではないか。しかも読み間違いばかり。しまいにはやる気をなくしたのか、飽きたのか、カメラの前から立ち去って隣の部屋でビンロウジを噛み始めてしまった。可愛らしい口元から赤い涎《よだれ》が筋となって流れ出る。僕は遅まきながら現実を切実に認識し始めていた。そう自分の思うように簡単には進まないぞ。

放送開始まであと一ヶ月！　大丈夫か、「ヤップニウス」。

ため息ばかりの編集室

ニュース番組開始まで二週間。九月も半ばを迎えていた。しかし番組作りは……全然進んでいなかった。

僕の焦《あせ》りというか緊張はたかまる。しかし一向にたかまらないのがスタッフの意志というかやる気だった。以前に増して無断欠勤や行方不明が多発。なかなか撮影の機会もなく、現場での経験はまったく深まっていない。このままだと予定通りに番組が流れないのは明らかだった。

特にカメラマンのギルマタムは全く放送局に来なくなっていた。家を建てるのが忙しいという。そんなの理由になってないじゃないか、家を建てるのだからこそ働けよ、と思ったのだが、なんと言葉の通り、家を基礎から自分で作っているというではないか。驚いたことにヤップのひとは家くらい当たり前のように自分で作ってしまうのだと知る。これは堂々たる仕事休みの理由になる。というか仕事なんぞよりよっぽど大切な男子一生のイベントである。

でも納得している場合ではなく、困った事態である。窮状を訴えようにも、ガルも他の仕事があるせいで職場に来なくなっていた。これはまずいことになってきたぞ。

僕の本来の仕事は番組アドバイザー。ヤップのひとたちが自分たちで番組を作るのを「手伝い」、

「助言」をするという仕事である。あくまでもヤップのひとたちの自主的な番組作りを後方支援する役であり、僕が前面に出て物事を進めるべきではない。

しかしそんな悠長なことをいっている状況ではなかった。ここで番組を予定通りに出せなかったら結局、元の木阿弥《もくあみ》、みんなの意欲もなくなることは確実だった。うまくいかないことに慣れ親しんでいる彼らにとって「またか」の三文字で終わってしまう出来事と化すであろう。

だから……自分でやることにした。いずれみんなついてくるだろう。そういう希望のもとで僕ができることは引き受けることにしたのである。最初だから……。撮影、音声、照明、編集、エトセトラ、エトセトラ……。最低でも五人、欲をいえばもっとスタッフは必要だ。でも贅沢《ぜいたく》はいっていられない。取材、ナレーションだけはウィリーが手伝ってくれたのがせめてもの救いである。

そんな僕にもわずかながら援軍がいた。犬たち、である。朝、出勤時に我が家の忠犬おかあさんを筆頭にヤップの雑犬たちがどこからともなく僕の周りに集まってくる。放送局までの長い坂道を犬たちはロンリー気分の僕に寄り添いずっと随行してくれた。お前たちだけだよ、俺の気持ちをわかってくれるのは。弱気になって、犬に向かって弱音を吐いたりしてみる。おかあさんにじーっとまん丸い目で見つめられて、少しだけ慰められた気持ちになった。

町に出てカメラを回し録画したビデオ素材を夜中に編集する。真っ暗な放送局で作業をするのは寂しい。ため息ばかりが編集室にたまっていく。

そんなある夜、仕事を終え職場のドアを閉めようとすると、暗がりの中、何ものかが待ちかまえている気配を感じた。酔漢リトンが寝そべっているのか。はたまた暴漢か。思わず身構える。

その「何もの」かが近付いてきた。ビーズのような目が光り、僕は我が目を疑った。おかあさんだった。夜更けまで、僕の仕事が終わるのをずっと一日中、寝そべって待ってくれていたのだ。頬擦りしたい嬉しさだった。

月明かりの中、おかあさんと家路を歩きながら、心底から願った。犬だけでなくスタッフたちが心をひとつにして番組に向かって歩み始めてくれることを。

働くひと　働かないひと

ふとあることに気が付いた。よく働くひととそうでもないひとが露骨にはっきりしているのだ。もうすぐ番組がスタートするというのに、肝心のカメラマン・ギルマタムは職場に出てこないし、ガルも来たり来なかったり。タムンギクもその姿をほとんど見せない。頼りは五十歳をとうに超したベテラン記者ウィリーだけだった。僕がカメラを担当し、ウィリーがネタ探しに奔走する。毎日、こつこつとニュース番組のための取材と編集を続けた。

何でこんなことになるのか。まず何といっても個人の事情がからんでいた。ガルは何かの販売事業を始めたばかりでその準備があり、タムンギクは葬式、ギルマタムは家造りに忙殺されていた。しかし、それだけが理由ではない。ヤップ特有の因習、それが関係していたのだ。それは……身分を差別する階級制度である。

身分は出身の村で決まるらしい。そしてその身分は一生変わることはない。だから身分の低い人は出世のチャンスがほとんどない。才能がいくらあろうとも、だ。だから仕事の出来るひとびとは運命とはいいながらもどんどんと腐っていってしまう。インドのカースト制度のようなものである。

局長のガルはまだ三十代前半と若いのだが、順調に出世して局長になった。ギルマタムも二十代後半であるが、ガルの次の実力者だ。二人に共通するのは、最上級の村出身であること。タムンギクは北東部の特権的な村の出身だった。

一方、ベテラン記者のウィリーは対照的な立場だ。英語も達者で取材力もあり自らレポートもできて、放送局になくてはならないキーパーソンだ。でもそれだけでなく雑用まで局長ガルにおしつけられることもあり、いつも忙しい。無茶な注文も多く、五十過ぎのウィリーが、三十代のガルに怒られながらこきつかわれているのは、ときに見るに忍びなかった。

なぜこういう事になるのか。ウィリーはヤップでは一番身分が低いとされる村の出身だからである。

離島出身の記者ハスマイもよく働く。彼はコロニアの一画にある「マドリッジ」と呼ばれる離島出身者の集まった地域に住んでいる。離島出身者はヤップ本島民よりずっと身分が低く扱われており、総じて本島民に都合よく使われがちである。特にハスマイはタムンギクからこきつかわれ、雑用を引き受けさせられていた。これはタムンギクの村が離島のひとたちの「管理」をする村だからだ、ということを後で知った。島には前近代的な搾取の構造がいまだに残っているのだ。

いびつな構造はそれだけにとどまらない。私生活においても身分の低い村の出身だと違う村のひととは付き合いにくい。だから、村内での血縁結婚などという考えにくいことも起きてしまう。ウィリーがまさにそうだった。彼は同じ身分の一番目の妻と死別したのち、他の村の女性と結婚できず、実姉の娘、つまり姪と結婚をしていた。

「娘が原因不明の頭痛に最近苦しんでいるんだ」

姪とのあいだに一男一女が生まれたが、ふたりとも病弱で、ウィリーの頭を悩ませていた。どうしたらいいかわからないだけに、心配になってしまう。

これはやりにくいな、と正直思った。僕としてはいくら習慣とはいえ、このような階級を意識しながらひととの付き合い方を変えるわけにいかないからだ。

豊かな文化や伝統を持つヤップ。だけどこの前近代的な階級制度には到底馴染《なじ》めなかった。

ベテラン記者ウィリー。放送局のキーパーソン。いつも忙しい

インタビューに儀礼あり

九五年九月も終わろうとしている。ヤップ島で休止していたテレビ番組の再開まであと一週間余り。幸か不幸か、ヤップはのんびりとしていて平穏だった。つまりニュースの枠時間（四十五分）を埋めるほどニュースがあるわけではなかったのだ。しかし、なんといっても一回目の放送だ。初回から大幅な時間短縮は避けたかった。

どうしようか……。無い知恵を絞ろうとするのだが、なかなかいいアイディアが浮かばない。時間はないし、スタッフもいないから、手間暇をかけた仕事はもはや不可能だ。万事休すか。初回から四十五分を十五分くらいは短縮せざるを得ないようだ。

そこに救いの手がさしのべられた。ビンロウジを噛みながら、じーっとこちらを見ていた記者ウィリーが突如、提案したのである。

「この際だから、いろんなひとにインタビューしたらどうだろうか」

ウ、ウィリーさん、あんたはなんていいひとなんだ。このうえないグッドアイディアである。インタビューだったら、人手はさほどかからない。編集も細かい構成を考えないといけない特集リポートなどよりは簡単だ。ウィリーに後光が差して見えてきた。番組を予定通りの長さに成立させるために僕と記者ウィリーはとにかく多くのひとたちに会い手当たり次第にインタビューをすることにした。

「ちょうど、ミクロネシア開発銀行の頭取が会議のためにパリキール（ミクロネシアの首都）から来ているはずだ。彼に今後のビジョンについて聞いてみようじゃないか」

ウィリーの行動は早かった。その場で州政府の高官に電話連絡すると、かなりあっさりとアポイントがとれ、すぐに出発することになった。この辺の気安さというかフレキシブルなところがまたヤップの魅力だ。東京では政府の高官や各界のトップを相手に、こんな簡単にことは進まない。

インタビューの相手はモーリー・モリさん（名前の通り日本人の血が入っている）。連邦国唯一の銀行ミクロネシア開発銀行の頭取である。

経済についての展望が語られ、予定していた時間通りに終わった。この時は、ウィリーのそつのなさばかりが目立ち、とりわけ気になったことはなかった。しかし、それは相手が他の州から来たひとだったからだった。このあとから、ウィリーのスタイルはガラッと一転するのである。

次にインタビューしたのが土地管理局のギルマール局長、次期州知事とも目されていた大物だった。ギルマールのオフィスでカメラ、マイクをセットし、ウィリーに目配せする。よし、スタートだ。テープが回る。

すると。

ウィリーは言葉を発する前におもむろに自分のバッグをまさぐり始めた。おーい、インタビューは始まったぞ。しかし動じることなくウィリーが取り出したのはビンロウジだった。あらら。そしてそれを相手のギルマールに差しだす。その次にはギルマールから逆に手渡されたビンロウジを自分の口にむしゃむしゃ頬張りながら話を始めた。くちゃくちゃと音を立て赤い涎《よだれ》を流しながら。そして時折、口に溜まった唾をオエーッと嘔吐の時のような音をたてて吐き出す。

いくらなんでも年上の人を前にして口を真っ赤にし、唾を吐き出すというのは礼を欠く行為なのではないか、と最初は訝《いぶか》り、相手の表情を観察した。ビンロウジは嗜好《しこう》品だ。だからタバコを吸いながらインタビューしているのと同じじゃないかと思ったのだ。

しかしこれは僕の早合点だった。相手のギルマールは怒るどころか、自分も嬉しそうにウィリーから貰ったビンロウジをムシャムシャと噛んでいるではないか。

フヌヲ先生が言っていたことを、ふと思い出した。ビンロウジュの実をまず交換することが大事で、そのことは相手との距離を縮め、警戒心をとくことになる。さらに貰ったビンロウジを噛むということは、相手への「敬意」の念を示すことになる。だからウィリーは失礼どころか、かなりまっとうなことをしていたわけだ。その後もウィリーは長老だろうが政治家だろうがどんな相手であろうとも、相手がヤップ島のひとである限り、ビンロウジを噛みながらインタビューをした。

答える方も大抵、というか例外なく噛んでいる。だから文節や話題の切れ目とはまた別にビンロウジの汁を吐き出すため、あるいは新たなるビンロウジを口に補填《ほてん》するため、インタビューはひんぱんに中断を余儀なくされる。たとえカメラを回していても、あまり気にすることはない。インタビューそのものよりビンロウジを噛むことの方が大事のようにすら思える。口の中にビンロウジを入れたまましゃべるから言葉もはっきりとしないことが多い。くちゃくちゃと変な唾液《だえき》の音を常にマイクは拾っている。気になっちゃって、気になっちゃって、内容どころではない。

政府高官からしてビンロウジの唾液で口の周りを真っ赤にしながらインタビューに応える。涎も垂らしていることも多い。だから威厳というものがまるでない。しかし周囲は誰も気にしていない。「郷に入らば郷に従え」で、段々となれてきました。取り繕《つくろ》ったインタビューで本音が出にくいよりずっといいじゃないですか。

でも、ひとつ閉口したこと。お互いビンロウジの唾液を飛ばしながら話すものだからマイクに唾液や滓《かす》がこびりついてしまうのだ。インタビューを終えた後、オヤジたちの唾液で真っ赤に染まったマイクを掃除するのは、ちょっと気味の悪い作業だった……。

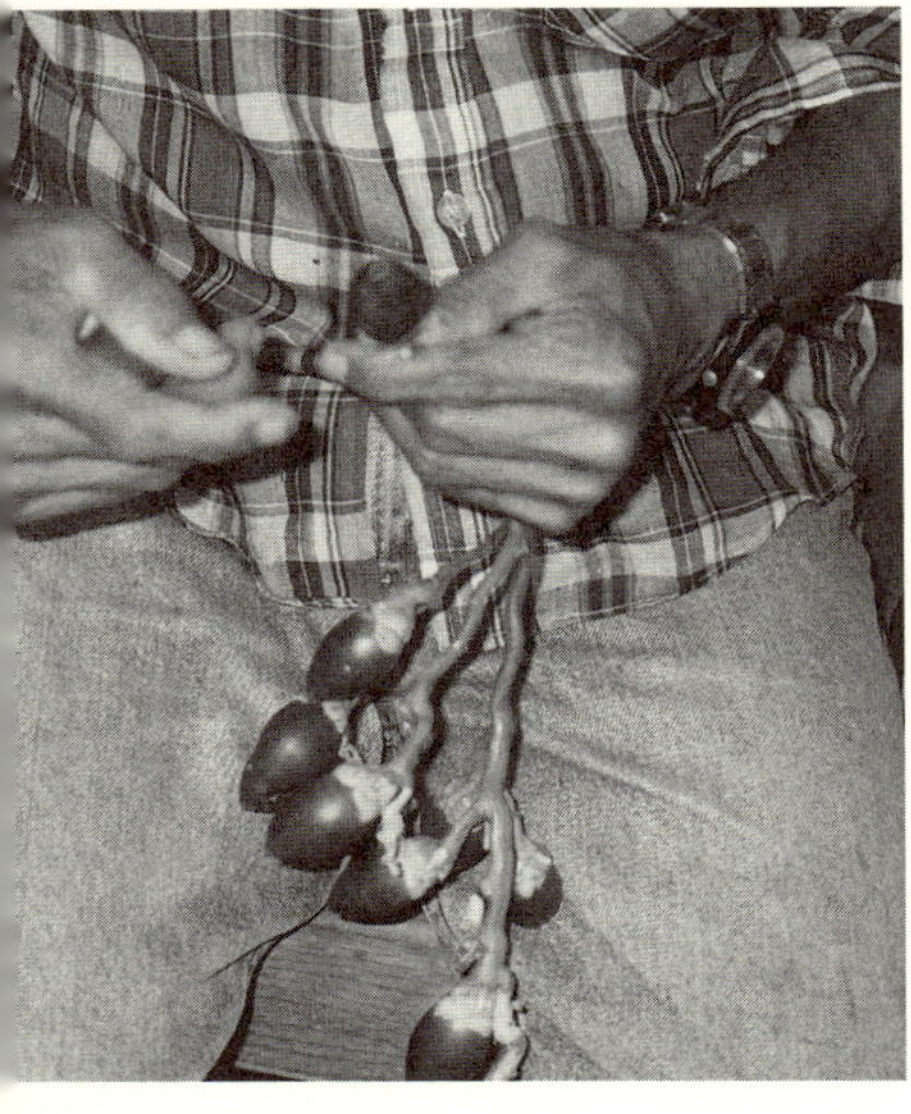

ビンロウジュの実

ヤップの自然環境を守るため

「ヤップニウス」の放送までいよいよ一週間を切った。とりたてて事件事故などはなかったが、どうにかこうにかニュース&情報番組としての体裁は整ってきた。そんな「ヤップニウス」の忘れてはいけない目玉企画のひとつが「ヤップの自然」というコーナーである。地元に暮らすマージ・フランルーという女のひとともに島中のジャングルや川などの自然を訪ね、その魅力を紹介するというものだった。

第一回目に特集したのがフレームツリー。初夏に花の盛りを迎える南洋特有の木である。ちょうどこの頃、コロニアの警察署の前に堂々と咲き誇っていた。その姿は戦前この地に逗留していた日本人に内地に咲く桜を連想させ、「南洋桜」という名称で親しまれていた。実際はあまり桜に似ていないのだが……。

ヤップはよく見渡すと花に包まれた島だ。ハイビスカスの真っ赤な姿がとりわけ目を惹《ひ》くが、それ以外にもブーゲンビリアなど多様な植物が咲き乱れる。僕個人はヤップに来て以来、プルメリアという、一見クチナシに似たような花の甘くかぐわしい匂いにひきこまれた。

さて、この自然コーナーを一回も欠かさずに二年にわたって担当してくれたマージさんは、アメリカ生まれの、五十をとうに越えた大柄な白人女性だ。彼女と一緒に撮影の現場であるジャングルやマングローブのぬかるみの中に何度も足を運んだが、そこで見せる身のこなしは俊敏この上ない。

ずっと不思議に思っていたが、ある時、本人が教えてくれた。彼女はもともと大道芸人の一家に育ち、少女時代はアクロバティックな演技を来る日も来る日も繰り返していたのだという。とりわけ重要だったのが、宙を舞う兄を受け止める役目だ。一歩間違うと生命の危険をともなう。血のにじむような厳しい鍛錬を積み重ね、マージは技を磨きあげていった。優しい笑顔をたやすことのない今のマージからは、そんな少女時代の労苦は微塵《みじん》も感じられない。ひとに歴史あり、である。

少女マージのひとときの楽しみが、自分たちのサーカス団が飼っていた生き物の観察だった。猿やうさぎ、リスたちの生態にマージはどんどんと魅《ひ》き込まれていく。生物学者の道を志し、進んだグアムの大学でヤップ人のサムさんと知り合い結婚、この島にやってきた。爾来《じらい》ヤップの自然環境を守るべく島を東奔西走しているのだった。

果実を食べるオオコウモリの生態についての取材も興味深かった。ヤップ固有で唯一の哺乳動物だったこのコウモリ、実は食料として好まれていて、絶滅の危機に瀕していた。マージはこのコウモリを守るべく村から村へとパトロール、村民達の意識改革を計っていた。熱心にコウモリの重要性を説く彼女の話にうなずきながら、僕は脂汗を流していた。（僕もコウモリを何度か食べたことがある罪人のひとりだった）。開発による土砂崩れ、石油漏れによる環境汚染などなどのリポートも積極的に続けた。

「ヤップのひとたちは、これまで自然とともに暮らしてきました。だから自然は無尽蔵にあると思っていますが、時代の流れとともに、環境は刻々と変わっています。これからは自覚的に守らないと、どんどんとこの島の自然は失われてしまいます」

まさに慧眼。マージの夢は「ヤップにあったひとの暮らし、生態環境」の実現だ。彼女はひたすら外に出て自然に体当たりして溶け込んでいた。ヤップのいかつい男性の中にずいずいと入り込みながら、環境保護にとりくむ姿、格好良かった。

伝統的メンズハウス

ついに放送流れる

企画リポート、政府高官への施政方針インタビュー、財界人のインタビュー、ヤップの自然……。ニュース番組のすべての素材が集まった。いよいよスタジオでの収録が近付いた。

収録前日。ギルマタムが朝一番で出勤していた。

「家が完成したんだ。これでニウスに専念できるよ」

タムンギク、ウィリー、ハスマイ……スタッフが次々と集まってきた。局長ガルも緊張した面持ちだ。放送局「住民」のリトンも寝込みを襲われ、眠そうな目をこすって所在なさ気にビンロウジを噛んでいる。起こしてごめんなさい。

まずは「スタジオ作り」からだ。放送局の一番奥の部屋があいているので、そこを使うことにした。もともとラジオのスタジオだったが、使われなくなって久しいため、埃《ほこり》はたまり、不要品が乱雑に置かれている。スタッフ総動員で、部屋掃除だ。それにしても……汚いなあ。干からびたビンロウジ、タバコの吸い殻、丸めたティッシュなどが発見される。

小一時間の奮闘でだんだんと体裁が整ってきた。キャスター用のテーブルや椅子が運びこまれ、ギルマタムが座り心地を確認している。するとガルがどこからかペンキを持ってきた。

「これでスタジオらしくなるだろう。南国ヤップらしく空の色だ」

ギルマタムが大工仕事で鍛えた腕を披露、たちまち壁一面が水色に塗りたくられる。

ラタンおばさんが自分の村から持ってきたという花や植物をキャスター席の後ろにドサっと置いた。そこにおちていたゴミ箱を使っての即席の「生け花」だ。

それらしくなってきたぞ。スタッフのボルテージは自然にあがっていった。


収録当日。前日同様、みんなわさわさと集まってきた。スタジオが熱気で暑い。第一回のキャスターはギルマタムとタレグ総局長秘書のパティーに決まっていた。予定時間を遅れること一時間、パティーが入場。リハーサルした時とはうって変わってリラックスしたムードだ。よしよし、いいぞお。

スタジオにマイクが取り付けられる。

さ、ギルマタム、音声チェックだ。

「グッド・イーブニング、ヤップ!!!」

週末はヤップの酒場でロックバンドのヴォーカリストとして活躍しているだけあって、声にハリがある。堂々としていて頼もしい。

さ、パティーさん。お願いします。

「ディスイズヤップニウス」

表情は若干こわばってはいるけど上々の滑り出しだ。

じゃあ、本番、いきましょうか。それから怒濤《どとう》の一時間弱、めだったミスもなく順調に収録は続いた。カメラを急遽《きゅうきょ》担当したハスマイも照明のフラグも緊張を途切らせることなく集中している。いいぞお。その日のうちにスタジオ収録したビデオと取材ビデオを一本に編集し、ナレーションとテロップを加え、ついにできあがった。ヤップ島で途絶えていたテレビニュースの復活である。

第一回「ヤップニウス」。九五年十月初旬の金曜日、いよいよオンエアー。僕は放送局でラタンおばさんとともにモニターを見つめていた。

アメリカのコメディードラマに続いてニュースのタイトルがあらわれる。

ギルマタムがしゃべる。パティーがしゃべる。

ヤップの自然、インタビュー……。ひとつひとつのコーナーが始まるたびに昂奮し、あっという間に四十五分が流れていった。僕はラタンおばさんと握手して夜の放送局を後にした。

静かな夜だった。遠くから我が家の忠犬おかあさんが駆け寄ってくるのがわかる。星が今にも降ってきそうだった。

モーニングコール

オンエアー翌日、僕は意気揚々と放送局に向かっていた。おかあさんも嬉しそうに尻尾を振ってついてくる。何か祝福されているような気持ちだ。

放送局のドアを開けて、やあ、よかったねえ、番組が無事放送されて……、
と言おうと思ったのだが……、
誰もいない。とうにみんなの出勤時間は過ぎているのだが……。

やっと昼ごろに来たラタンおばさんに聞く。

局長はどうした？　ギルマタムは？　ウィリーは？

そんなこと、あたしゃ、知らないよ。

ごもっともなことだった。別に放送が始まったからといってみんなの生活が一変するわけではなかったのだ。ふう。拍子抜け。

番組が始まって一安心、といいたかったがそう甘くはなかった。それからの僕の一番の仕事は、番組制作そのものというよりも、スタッフの確保だった。

ニュース番組はまずネタを取材するひと、カメラマン、音声照明担当、編集マン、キャスターと

少なく見積もっても五人は必要だ。カメラや音声照明、そして編集はどうにか僕が手伝うことができても、地元のネタを取材するのはヤップのひとにやってもらわないとどうにもならない。ヤップ放送局でニュース取材ができる記者は三人。そのうちタムンギクはラジオの担当で忙しかった。離島出身のハスマイはヤップ語ができないのでヤップ島の話題を取材することは到底望むべくもない。残されるひとり、それがウィリーだった。

ただ、このウィリーの悪い癖、それは酒癖である。飲み始めるととことんまで飲み、止まらない。当然しょっちゅう二日酔いだ。

でもヤップの職場はのん兵衛にはありがたい。なぜなら二日酔いは「病気」扱いで、れっきとした公休の理由になるのだ。

なんであいつはいないんだ。ああ、昨日飲んでたからだよ。それで成立する。でも、本当にそれでいいのか。

「良いも悪いもお前だって二日酔いになるだろう」ってな具合なのだ……。

でもそんなこと言ってたら番組はいつまでたってもできあがらない。

で、僕が始めたことがある。それは……。「人間モーニングコール」だった。

ウィリーの家は貧しく、電話がない。だから彼が来ていないときには、簡単に呼び出すことができない。でもありがたいことに、彼の村は放送局から歩いて数分の近さだった。

僕はウィリーの家に近付くと足音を忍ばせる（一度、気配を察せられ逃げられたことがあるからだ）。家の前に立つと大声で叫ぶ。

「ウィリーいるかい」

退路は断たれたはずだ。それでもだいたい、居留守を使われる。子どもが出てきて「パパはいないよ」と言うのだが、棒読みのセリフから親父に吹き込まれているのは明白だ。こうなると問答無用、ドアをあけて寝込みを襲う。やはりいた。今度は狸寝入りだ。揺する、耳元で叫ぶ。あれこれ十分程、ようやくウィリーも諦めて目を開ける。機嫌が悪い。

仕事ですよ。取材に行きましょう。

「俺はそういう気にならない。そんなムードではないのだ」。ムードの問題か？

ウィリーを引きずるように放送局に連れていく。でも職場が近付くとシャキっとして仕事モードに入るから不思議である。

こんな感じで、ゆったりと緊張感なく取材は続けられた。このモーニングコール、結局二年間、僕は続けることになるのだった。

蠱惑《こわく》のスローライフ、イン・ヤップ。

知らず知らずのうちにそのペースに僕は巻き込まれ、抜け出せなくなっていくのだった。

新コーナー「ヤップの健康」

第一回のニュースが流れた翌週、僕は突然、ヤップの隣のチューク州への出張命令を受けた。隣といっても千キロ以上離れたチュークは群島で、戦時中、日本海軍の基地があった「トラック島」として知られる。東京の協力隊事務局から、チュークで日本語教師として働く青年海外協力隊員を取材してくれ、という依頼があったのだ。

この女性隊員の父親も元協力隊員で昭和四十年の第一回の派遣だった。つまり親子二代にわたっての協力隊員なのである。その二代目が活躍する姿をビデオカメラに収め、その映像を協力隊三十周年記念式典で流すということだった。

ヤップニウスが始まったばかりだったので、タイミングとしては悪かった。しかし、東京の事務局サイドとしても、どうしても僕に取材をして貰いたいという。東京の制作会社からスタッフを派遣するより、協力隊の姿を協力隊員が取材する、というのが良いのだそうだ。

そうはいってもヤップ放送局が最優先である。おそらく局長ガルもこの時期に僕を島外に出すことには首を縦にふらないだろう。そう思いながらも一応ガルに説明したところ、意外な反応が返ってきた。

「ワタナベサン、ぜひ、行くべきだ。我々は青年海外協力隊のプログラムには全力で協力するよ」。留守の間は、取材はウィリーに、カメラと編集と全責任をギルマタムに任せればいいから、と言う。

「ワタナベサン。チュークでの取材にはカメラアシスタントがいるに違いない」

その通りだった。ひとりで知らない土地を大量の機材を抱えながら取材するのはほぼ不可能で、誰かと一緒に行くべきだった。それにヤップ以外の土地でロケをすることは、スタッフにとっても代え難い貴重な体験になる。

「ガル、いったい誰が行くのが良いんだろうか」

「イッツ、ミー。俺だよ」

え。思いも寄らぬ言葉がガルから飛び出した。よく聞くと、ガルはチュークの全寮制の高校ゼビアハイスクールの卒業生で、知り合いも多いのだと胸をはる。もはや行く気満々だ。これまでに見たことのない真剣な眼差しに、こちらも真摯《しんし》な気持ちになる。

わかりました、一緒にやりましょう。しかし、よくよく聞くと、ガルの本当の狙いは、トランジットのために立ち寄るグアムで封切り映画を観ることにあったようだ。なんだ、そういうことか。脱力……。動機はともあれ、ガルと二人でチュークに出向き、一週間にわたり彼の島の協力隊員をロケした。

ヤップ島に帰ってきて、僕は唖然《あぜん》、というより慄然《りつぜん》とさせられた。ギルマタムは予定以上の映像を撮ってくれていたのだが、ウィリーはやるといっていた取材を全くしておらず、番組は放置状態になっていたのだ。

まだ生まれたてのホヤホヤの番組である、やはりそんなにうまく行くわけがなかった。こんな大事な時期に島を離れた己を呪った。まさに自業自得である。しかも番組の放送は五日後に迫っていた。放送開始二回目にして早くも穴を開けるのか……？　冷や汗がタラリと流れる。

でもそう簡単に諦めるわけにはいかない。大慌《あわ》てで突貫作業をおこなうことになった。それにしても、もはやニュース取材だけでは足りない。というか、そんなに都合良く島にニュースはない。どうしよう。すると、腕組みをしていたガルが口を開く。

「ヤップの人間の健康はいま、危機にさらされている。ヤップ病院の医師に、毎週いろいろと対策を語って貰おう」

ガルは慢性的な糖尿病に悩まされており、まさに我が身を鑑《かんが》みての発想だったが、文句ない名案である。チュークから帰ったばかりで、疲れているだろうに、冴《さ》えていた。

さすがにこの窮状の責任を感じていたのだろう、ガルが命じる前に、ウィリーが病院にすばやく電話をする。ありがたいことに、医師のインタビューのアポイントがとれた。

新コーナーの名前は「ヤップの健康」。ヤップ病院で働くアメリカ人医師ラッタイン氏に、流行病の予防と対策を語って貰うことになった。ちょうど島全体ではやり始めたインフルエンザがテーマである。誠実なラッタイン氏は自ら表を作り、人体図を示しながら分かりやすく流行病への予防法と対処法をレクチャーしてくれた。じっくりと話してくれたので、そのぶんコーナーに時間を注ぎこむことになり、ずいぶんと番組の穴を埋めてくれることになった。（皮肉なことに、この急場しのぎのコーナーは好評で、この後の「ヤップニウス」の目玉に進化発展を遂げる)。

それからの毎日は怒濤《どとう》の如し。毎晩午前様が続き、どうにか五日間で番組をオンエアーにこぎ着けたが、ほとんど綱渡り状態だった。心臓に悪すぎる。

「ヤップニウス」は二週間に一度の隔週刊ニュースである。だから一週間かけて取材をし、次の週に編集し、スタジオ収録をして、ナレーションを入れ、オンエアーという段取りだ。

四十五分という時間をウィリー、ギルマタム、それに僕、という布陣でこなすのは土台無理があった。そのうえ、メカに弱いウィリーは基本的に取材しかせず、必然的にエース・ギルマタムにかかる負担が大きくなっていた。とはいえカメラ、編集、さらにはキャスターと、「一人三役」ともいうべき激務をこなしてくれており、これ以上の業務は酷である。

そうなると解決方法はひとつだけだ。ギルマタム以外のスタッフを増やすこと、である。具体的な案は思いつかなかったが、現状打開をするしかない。

こうして、番組作りだけでなく、人材育成が急務となった。いやいやまったく、南の島でのんびりする暇はなかったのだった……。

ヤップ流対人恐怖症

放送局のスタッフもいろんな輩《やから》がいてまさに多士済々《たしせいせい》である。そのなかのひとりの男の話をしよう。放送局の新顔《ニューフェイス》、ＤＪタマグである。とびっきりひとなつっこい彼は、ラジオの仕事の合間に編集室に来ては自分の過去の偉業を語るのを日課にしていた。

「オレはハワイ大学で勉強していた。ま、法律だけどね」

ヤップのひとたちの大言壮語には慣れていたけど、とりわけタマグの話は超弩級《ちょうどきゅう》でかなりの眉唾ものだった。やたらブロークンな英語で、卑猥な言葉には精通していたものの、日常会話の単語も怪しいタマグがアメリカの大学に行っていたというのはどうも変である。他のＤＪが話すところによると、タマグはハワイで働いていたのは確かのようだが、大学に行っていた、というのは真っ赤な嘘だそうだ。

ときにタマグは編集室の狭い空間で、右手で顎《あご》をガードし、左の拳《こぶし》でジャブを打つふりをする。かなり様になっていたが、それもそのはず、ハワイでは、ボクシングも習っていて、アマチュアの試合のリングにあがっていたという。タマグの筋肉の発達は並みのものではなく、胸板は厚く、どうやらこちらの話は本当らしい。

「俺はそのうちに世界チャンピオンになるかもしれないな」

まるで「浪速《なにわ》の闘拳」カメダくんのようにボクサーにありがちなビッグマウスで口は滑らかでいうことはでかい。しかし、残念ながらこちらの闘拳は実力があまりともなっていなかった。よくよく聞くと……ハワイでのアマチュア試合の戦績はふるわず十五戦やって全敗。それでもタマグの夢は限りなく大きい。

「いつかね、実現したいのがマイク・タイソンとの試合だ。俺はこの右のパンチでKOできるかもしれないよ」

そう言うと右の拳を真っ直ぐに僕の鼻先にのばしてきた。思わず、タマグの顔を見つめてしまったが、どうやら本気で言っているようだから笑えない。強いて好意的にいえば、この根拠のない自信もヤップのひとたちの魅力のひとつである。しかしタマグのビッグマウスの裏側にある気持ちは生半可ではなかった。

「KOできなかったら、逆に俺はタイソンに殺されるだろう。だけど、オレは死ぬのは恐くないのさ」

タマグは熱心なカトリック信者であり、早く死んで、神のもとに召されたいのだという。いつ死んでもいいという考えだから、相当に刹那《せつな》的である。そのためかなり自暴自棄な生活を送っていた。気に入らない人間がいるとすぐに殴《なぐ》りつけ、ときには警察沙汰になり、刑務所入りすることもしばしばであった。

それでもヤップの闘拳、口先は達者で、若い女の子を口説いては、深い関係になり、必ずトラブルを起こし別れる……。そんな不埒《ふらち》な人生を送っていた。未婚だが、すでに複数の女性との間にできた数人の子どもの父である。当然の事ながら、タマグはなかなか定職にも就くことができず、職を転々としていた。

ある時、いつものように編集室にやってきたタマグだが、ちょっと様子が変である。何だかもじもじしている。何かを言いかけるのだが、すぐに恥ずかしそうに言いよどむ。何だよ、タマグ、言いたいことあるんだったら、はっきりと言ってくれよ。

「あのな、ワタナベ、カメラをやらせてくれ」

大歓迎である。タマグの胸板の厚さからしてカメラを担ぐのに適任だ。力があるので重い機材でもひとりで運べるのはありがたい。

「俺は、おそらくカメラマンになるために生まれてきたんだ」

あれれ、チャンピオンになるんじゃなかったの、とは思ったが、ひとりでも戦力が増えるのはこちらにとってもありがたい。戦力プラス1《ワン》ゲットなり。

ためしにカメラを担いでもらったのだが、確かに安定している。鍛えられた体である、スタミナ切れの心配はない。よしよし、この調子、と思ったのだが、そうは問屋が卸さなかった。タマグは人一倍のチキンハート、つまり肝っ玉が小さかったのだ。

あるとき、僕らは政府高官へのインタビュー取材をすることになった。打ち合せがおわり、いざ収録の本番になるとタマグの態度が変である。ソワソワしはじめたのだ。

「ワタナベ、ちょっとトイレだ」

トイレから戻ると、

「お、ゴミが落ちてるぞ」

と床を掃除し始めた。それもやけにていねいに、である。いくらなんでも相手を待たせすぎだった。そろそろ始めようよ、タマグ。もう掃除はいいよ。

「あ、表に落とし物をしたから、取ってくるよ」

また出ていってしまった。ひょっとして……タマグはカメラやりたくないのだろうか？　でもそんなことないよな。自分でやりたいと希望していたんだし。しかし戻ってきたタマグは悩ましいことを言い始めたのだ。

「ワタナベ、お前がカメラをやれ」

タマグの目が弱々しい。普段の強気のホラ吹きぶりはなりを潜め、かなり腰が引けているのが傍《はた》目《め》にもわかる。

そうはいかないよ、お前がやるって言っていただろう。僕も安易には妥協しない。引きつった笑いを浮かべながら、仕方なさそうにタマグはカメラを三脚に取りつけた。

ウィリーによるインタビューが始まった。予定通りに順調に取材は進んでいた、と思ったのだが、政府高官が時々浮かべる表情がおかしい。何か気になることがあるようで時折、カメラの方を一瞬見やるのだ。僕はハッとして横にいるタマグに目を向ける。何とタマグは、カメラを操作するどころか、ファインダーから目を離して、横を向いてじっとしているではないか。

タマグ、ファインダー覗《のぞ》いていないと、映像はうまく撮れないぞ。僕は小声で耳打ちをする。タマグが苦り切った顔でつぶやく。

「いやーあ、あのひとさ、うちの村の出身なんだよ」

え？　意味がよくわからない。しかしインタビューは進行している。取りあえず、僕がかわりにカメラを操作した。

後になって謎が解けたのだが、タマグは、自分より目上のひとが相手だと恐縮してしまい、カメラを回せないのだ。おそらくレンズを通して相手と目が合ってしまうのが、耐えられないのだろう。ヤップでは自分より上のひとには敬意を表するため、まともに顔を向き合わせることはタブーとされることは知っていたが、タマグの徹底した恭順ぶりには驚かされた。

第一回目のインタビューがトラウマになってしまったのか、タマグは相手が若くてもまともにカメラを回せなくなっていた。どうやら対人恐怖症になってしまったようだ。でもこれでは仕事にならない。あたりまえのことではあるが、インタビューで相手の顔を見ることなしには撮影が成立しない。この分では、タマグは虫や小鳥とか雲や道路しか撮ることができないだろう。この大口と裏腹の弱気さがボクシングの戦績にも結びついてしまったのかもしれない。残念ながらタマグはカメラマンとしては失格だった。

さすがに自分で言いだしたので、二、三日はロケに来てカメラをやったが、それっきり編集室に寄りつかなくなってしまった。せっかくの戦力、マイナス1でプラマイゼロ。戦力、以前と変わりなし。

1ラウンドもたず、タマグ撃沈さる！　糠喜《ぬか》びにおわったヤップの闘拳のカメラマンデビュー戦でした。

テレビってなんだろう？

順調に編集作業やスタジオ収録の番組制作が続いていても、突然に、それも誰も抗《あらが》えなくやってくる大敵がいた。昼夜かまわず有無をいわせない。仕事はその時点で強制終了するしかない。

それは停電だ。電力供給が安定していないヤップ島では、週に何回か必ず電気が止まる。予告されるものならいいのだが、突発的に起こることが大変多い。大抵、三、四時間は止まってしまう。せっかくスタッフが乗り気になっているときなんかは、本当に悔しくてたまらない。放送局が薄暗くなり、空調が止まると、自然の摂理で、当然の事ながらみんな散り散りばらばらどこかに行ってしまう。

電気が復活すると、雲散霧消した仲間たちを探しに行かないといけない。でも、捜索にあまり高級なテクニックはいらない。大抵近くのカンティーン（ヤップの雑貨屋・角打《かくうち》を兼ねる）で、たむろしているからだ。当然、店も停電なので冷蔵庫も止まっているのだが、そんなことはお構いなく、みんなで温くなったバドワイザー片手にビンロウジを噛んでいる。停電があまりにも長く続くと、もう現場復帰は諦めた方がいい。みんな既にできあがってしまって、使い物にならないからだ。そんなときは、店閉まいし、一緒に飲むことになる。

停電を恨んでも仕方がないし、第一ヤップのひとたちは停電を全く気にしていない。もっともちょっと離れた村や離島の多くには電気すら未だに通っていないわけで、島の中心部の電気があるがゆえの贅沢な悩みだった。

ぬるま湯のようなバドワイザーを片手に、酔っぱらったウィリーやリトンの顔を見ながら、あまりにもあたり前なあることに気付かされた。我々の仕事は電気がないと成立しない、のである。日本にいるときには電気があるのが当然だったのでその万能性に疑いを抱いたことなどなかったが、電気が止まるとその脆《もろ》さに唖然《あぜん》とさせられる。放送なんてかなり不安定で脆弱《ぜいじゃく》な基盤の上に成り立っているんだなあ、とつくづく思う。電気がなければ何もできず、お手上げ状態なのだ。

番組制作上抗えない二つ目の敵、こちらも停電に勝るとも劣らずの強敵だ。ペイデイ、つまり給料日であった。なんで給料日が、とお思いでしょうが、これがほんとうにくせ者なのだ。

放送局の給料日は月に二回。その前の日まで番組作りに意欲を示していたスタッフも給料が出ると人格が変わってしまう。ヤップ人、金を手にするとどうするか。家になど持ち帰りません。酒代としてそれらは消えてしまうのだ。みんなやるべきことを投げ出して昼間っからビールを飲みに行ってしまう。

宵越しの金は残さない。皆、さながら江戸っ子のようである。とはいえ、よっ、気風《きっぷ》がいいね、なんていってられない事情があった。具合が悪いことに、給料日はスタジオでの収録と重なっていたのだ。給料をもらうとみんな顔色が変わり、いっせいにいなくなってしまう。

どうにも歯止めがきかない。ポツンとオフィスにひとり残されると、自分の無力さを痛感させられる。番組に穴をあけるわけにはいかないから、だんだんとこちらも焦《あせ》りがつのってくる。本当はスタッフに任せるはずだった作業も肩代わりすることになる。

政府が決めた給料日を変えるわけにはいかない。放送日も最早、変えられない。困った。いつのまにかとんでもない悪循環に巻き込まれていた。

ふと、ひとつの疑問が頭に浮かんだ。本当にみんなテレビ放送を重要だと思っているのだろうか。僕があたふたとやろうとしていることは、本当にヤップのひとの役に立っているのだろうか。

いまだ電気と無縁に暮らしているひとたちにとって、テレビ放送というのは何の意味も持っていない。テレビの受信機も高額でみんなが持っていたわけでもない。テレビは決して万民のためのものとはいえなかった。

番組って何なんだろう。テレビって何なんだろう。それはひとが生きていく上で本当に必要なものなのだろうか。日本では考えもしなかった問答が僕の胸の中に大きく湧き上がった。テレビがもしヤップのひとにとって必要でなければ、僕の存在は否定される。心はグラグラに揺れ動いた。

でも……。逡巡しているうちに、脳裏にうすぼんやりと浮かんできたものがあった。僕のミッションはただひとつ。前に進もう。番組を作ろう。良質な番組を作って、ヤップのひとたちに、やっぱりテレビがあってよかった、番組って素敵だなって思って貰えればいい。

それが僕がヤップにいる存在意義なのだから。

誰でもウェルカム

とにかく戦力を増やさないことには始まらない。しかし、放送局も厳しい台所事情で、人材は払底していた。テレビスタッフとしてフルに働くことができる立場はギルマタムだけ。放送局は政府の人員削減の対象の最右翼にあり、ひとを増やすなんてとんでもなかった。

そうはいっても、番組できませんよ。と、局長ガルに泣きついたところ、理解は示してくれたものの、年毎に人員計画ができあがっており、簡単ではないのだという。

ただし、とガルはつけ加えた。

「やる気があるヤツがいれば、それは考えなくもないよ」

やる気……。なるほど。そうか、それをみんなに持って貰えばいいのだな。

よし、スタッフの気持ちを奮いたたせ、テレビに振り向いてもらおう。名付けて「テレビってこんなにおもしろいんだよキャンペーン」。

ぶらぶらしているＤＪを見つけては甘い声でささやく。「これから楽しいこと、しないかい」。そして車に押し込み、現場に直行、そこで実際に撮影を体験してもらう。これをとにかくくり返した。

レンズを通して映像ができあがっていくのが楽しいようで、撮影現場には誰かしらいつもついてくるようになった。
とはいえ、どうしてもカメラマンになってくれという強要はしない。押しつけられても、みんなついてこないだろう。でもおもしろそうだな、と思えば自然と興味が湧くはずだ。スタッフのやる気が出てくるのを辛抱強く待つことにした。

撮り終わった映像を編集室で編集する。キャンペーン期間中だ、これも近くにいるひとを必ず巻き込むことにする。別々の場所で撮ったインタビューが、連続して喋っているように見えたり、離れた場所の景色があっという間にひとつにつながったりするのが衝撃だったようで、編集室にはいつも誰かしらがくるようになった。中には、物珍しさにかられてやってきた近所のひとや通行人も混じってはいたが。

僕のパフォーマンスには、実は本命があった。それはジョン・ハスマイである。ハスマイはニュース記者であり、ヤップに住む離島人に向けたラジオニュースを作るのが本来の仕事だったが、以前、家庭用ではあるが、カメラを扱ったことがあるというのだ。実直で勤勉な仕事ぶりも魅力である。どうにかしてハスマイをカメラマンとして取り込み、さらには編集も覚えてもらいたかった。しかし原稿書きに忙しいという理由でガルはハスマイをテレビ制作に出し渋っていた。

キャンペーンを実施し始めて一ヶ月がたった。いつものように編集室で若いＤＪと一緒に編集機をいじっていた時のこと、誰かが編集室のドアを叩くではないか。誰だろう。普段みんなノックもせずに入ってくるのだが……。はたしてそこにいたのはハスマイだった。僕を見ると手招きする。人目のない放送局の外に僕を連れだすと、ハスマイはあたりを見回し、耳元にささやいた。

「ぜひ俺にもカメラをやらせろよ、ワタナベ」

しめしめ、来たぞ来たぞ。よしハスマイ、明日からやりましょう。

案の定、ハスマイはやる気があるだけあって、すぐにノウハウを習得した。漠然とカメラを振りまわすのではなく、そのシーンがどういう意味があるか考えながら撮影するので、かなり高度な映像ができあがっていく。これは「ヤップニウス」にとって大きかった。新たなカメラマンの誕生だ。さらにハスマイは編集にも興味をもち、すぐに使いこなせるようになった。

「俺にも撮影をやらしてくれないか。いやダメならいいんだ」

次におずおずとやってきたのはDJのフラグである。前から撮影現場にちょくちょくやってきてはカメラをいじっていたフラグは、ハスマイがカメラをやり出したことで火がついたようだ。三人目のカメラマン誕生！

よし、この際だ、もっと労働人口を増やしてしまえ。局長ガルの目を盗んで、ラジオのスタッフで見込みが少しでもありそうな輩《やから》を巻き込んだ。

金の卵もいた。トニー総局長のひとり息子ボーイ。まだ高校生でアルバイトの身分でDJをやっていたが、センスは抜群だった。一度カメラの使い方を教えただけですぐにマスター、編集機もすぐに使いこなすようになった。レンタルビデオで借りたハリウッド映画をそうとう観ているらしく、映像センスも抜きんでている。面白がって夜遅くまで編集を一緒にやってくれることもしばしばあった。

そうこうしているうちに、カメラマンとして働ける人物が四人、編集マンは三人と頭数は揃ったのだった。

ガルもようやくこの現状を認めてくれた。とうとうガル自身もカメラやりたい、と言い出す事態に発展。カメラ持たせると筋が良く、大切なカメラマンの一人となったという次第だ。

とにかく人材不足なので誰でもウェルカムだった。ついには総局長トニーまで、ある夜、編集室にやってきた。

「俺も編集マンとして働いてみたいんだ」

以来、大ボス自ら編集室に毎夜やってきては、編集の手伝いをしてくれるようになったのだった。

ふう。ようやくヤップニウスは全員参加の番組として動き出したのである。

我が村の踊り

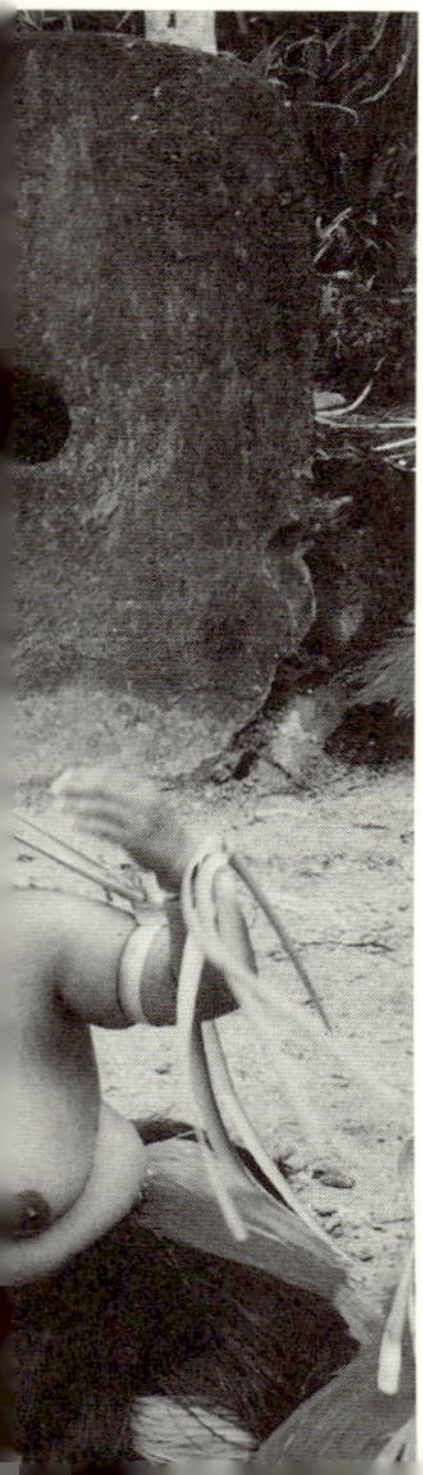

chapter3＊いくつもの顔を持つ島、ヤップ

日本人という歴史を背負って

ヤップの面積は百平方キロメートル、日本の小豆島とほぼ同じ大きさだ。それだけの大きさなのだが、場所によっては危険な地域だといわれている所がある。とりわけ南部の地域ギルマンは日本人は近付いてはいけないエリアとされていた。日本統治時代に地元のひとたちが日本人から嫌な目にあったとか、日本軍を攻撃する米軍の空爆がとりわけ激しく地元住民に被害がでた、などといわれていた。戦後の歴史教育でもこの地域だけかなり反日的な教育をしてきたそうである。

わが職場にもこのエリアの出身者がいる。新たにカメラマンとして鍛えたＤＪフラグである。そのフラグが、彼の村で一緒に飲もうという。ビーチが綺麗《きれい》だからのんびりしろと言われ、素直に嬉しく感じた。

しかし悪いニュースもあった。数週間前に日本の漁業関係者がその村の方向にあるバーに行って、何者かに襲われるという事件がおきたばかりだったのだ。頭部を角材で殴《なぐ》られたそのひとは日本に緊急帰国、病院で精密検査をうけているという。南の村に出向くなんて危ない、とりわけひと目がなくなる夜はきわめて危険だという声がヤップ人の間でもたかまっていた。

そんなときに街中で会ったのがフラグの兄ジェームスだった。余談になるが、フラグの兄たちはみんな極めて優秀だ。二番目の兄マルチンは連邦裁判所（日本の最高裁）の判事、三番目の兄アナファルは現ヤップ州知事といった具合なのだ。フラグのすぐ上の兄ジェームスも例にもれず賢く、アメリカの大学をトップクラスの成績で卒業し、まだ三十そこそこだったが、ビジネスを立ち上げ軌道にのせていた。いわばヤップの「青年実業家」である。人柄も温厚で、ヤップ特有のアバウトさがなく、多くのひとたちから信頼されていた。ちょうど故郷ギルマンで、新たにコテージを開いたのだという。外で酒も飲むことができるから是非行こうと誘われた。

こんな機会は滅多になさそうだった。村の顔役ジェームスと一緒に行動している限り、トラブルに巻き込まれることはないだろう。僕は鉄則「絶対に夜に南のビレッジにはいってはだめ」をあえて破ることにした。

夕方、放送局に最新の大型のアメリカ製４ＷＤが横付けされた。仕事を終えた僕をジェームスが迎えにきてくれたのだ。複数のビジネスで成功しているとあって羽振りがいいようだ。この日、午前中までいたフラグはいつの間にか姿をくらましていた。給料日だから、どうせどこかで飲んでいるのだろう。僕はジェームスと二人でギルマンを目指すことになった。空港を過ぎたあたりで舗装がなくなりオフロードになる。ガタゴトと揺られること三十分、村に到着。

「ハロー、マイフレンド。ウェルカム・トゥー・マイビレッジ！」

バドワイザーを片手にこちらに手を振るのは……すでにできあがって上機嫌なフラグである。五人の地元の若者とともに、ピックアップトラックの荷台をカウンター代わりにして飲んでいた。

ギルマンは初めてだったが、夕焼けが白砂を赤々と照らし、波が静かに揺蕩《たゆた》っている。こんな美しい場所なのに、なんでみんな来ないのだろう。楽しげにビールを傾けながら時折僕に笑顔で話しかけてくるフラグたちを見ていると不思議に思えてならない。親和的な空気があたりにあふれている。いつの間にか、みんなへべれけになっていた。夜九時をまわったころだろうか、酩酊《めいてい》してぼんやりとし始めた頭ではあるが、僕はある種の殺気が広がっているのを感じた。

周りを見るとさっきまで談笑していた「仲間」たちの目が据《す》わっている。その中のひとりが口を切った。

「ワタナベ、お前ら日本人が何をやったか知っているか」

やはり噂通りだったか。おそまきながら自分の浅はかさを恨んだ。ジェームスがその男をおしとどめる。

「トニー、いいじゃないか、いま、そんな話をしなくても」

しかしトニーと呼ばれた男は、さらに怒気《どき》を含めた声になる。

「俺たちはなあ、お前ら日本人が大嫌いなんだ。おお、わかるか」

完全に逆上したトニーは、血走った目で僕を睨み続けている。彼らの中に封印されていたものが解かれてしまったようである。

「ワタナベ、お前は歴史を勉強したことがあるか」。別の男が言う。

もちろん。

「じゃあ、日本軍がこの村で何したかわかっているのか」

答えようのない質問だったため、笑って適当に誤魔化そうとした。しかしそれが凶と出て、周囲にも火を燃え広げることになってしまった。

いきり立った屈強な複数の若者が僕を取り囲む。フラグは気付かないふりをして飲み続けている。おーい、いつも一緒に仕事しているじゃないか、無視しないでよー。

「ワタナベ、説明しろ。どうしてお前たちはあんなことをしたんだ」

緊急事態発生——ＳＯＳだ。もはや無傷でこの村を脱出するのは困難そうだ。

「ワタナベ、これはまずい。ここから出よう」

ジェームスが僕の肘《ひじ》をかるくつつき、耳元でささやく。喉元がざらつき、さっきまでの酔いが嘘のようにすっかりとさめてしまった。

みんなの注意が一瞬、他に向かっている隙にジェームスの車に飛び乗った。後ろを向くと若者たちもピックアップトラックに飛び乗りエンジンをふかし始めた。ジェームスは凄い勢いでオフロードを飛ばす。

もう、気が気ではない。後ろを見る。連中が箱乗りで手を振りあげながら、怒声をあげているのが見える。きしむような音をたてながら走るジェームスの車。自分がスピルバーグ映画の登場人物になった気分だ。最初は近くまで迫ってきたピックアップトラックだが、やがてヘッドライトが小さくなり、見えなくなった。ジェームスの車が高性能で本当に助かった。藪《やぶ》しかない暗がりで追いつかれていたら、大惨事を免れなかったろう。ホッと一安心。コロニアに到着した僕は、ジェームスと馴染みの雑貨屋カンティーンでビールを飲むことにした。

「本当にあいつら、飲むと手がつけられなくなるんだ」

まったくその通りだ。

「ギルマンでは中学まで歴史の授業で日本軍の話をやるのが伝統になっている。太平洋戦争で戦死したヤップ人は数人だけだけど、全部、うちの村の出身なんだ。だからみんな心の底で日本人に対して複雑な感情を抱いているのさ」


調べたところ、ヤップには昭和十九年二月頃より日本軍の本格的な進出があり、七月の時点で陸軍が四千四百人余り、海軍がおよそ千五百名駐留していた。サイパン攻略の後にアメリカ軍が侵攻してくるという話もあったが、結局彼らのターゲットは西側のパラオのペリリュー島になる。それでも連日の空襲と赤痢などの流行で三百四十名の将兵が戦病死した。


南部ギルマンには陸軍の歩兵二十四連隊の主力がいて、アメリカ軍の執拗《しつよう》な攻撃により、地元のひとたちも戦火の犠牲となっていた。ちなみに二十四連隊は福岡で結成された連隊のため、後に僕は帰還兵の何人かと話すチャンスを持った。彼らによると、地元のひとたちと基本的には仲良くやっていたというのだが、飢えたときなどは芋畑ドロボウなどもやっていたらしい。そんなことも反目の原因になっているのかもしれない。

「日本の兵隊さんたちはいつも『ばってん、ばってん』言っていたよ。何を言うか、このひとたち、と思っていたよ」とアレックス・トレトノフがはっきりと記憶しているように、ヤップの駐留軍の大半は福岡をはじめとする九州の部隊だった。

ジェームスの話に相づちを打ちながら、バドワイザーに手を伸ばす。緊張から解放されて味はひとしおだった。しかし……。そこに低いエンジン音がしたかと思うとけたたましくクラクションが鳴らされる。一瞬にしてジェームスの表情が曇り、僕は再びの緊急事態を悟った。

振り向くとさっきの若者達が勢ぞろい。怒り顔のフラグの姿もある。すっかり寝返ってしまっている。おーい、僕ら放送局の仲間じゃないか。

トラックの荷台を降りたフラグが据わった目つきで近付いてきた。

「グッドイーブニング、ワタナベ。なんで俺の村から急にいなくなったのかい」

酒臭い息を吹きかけられ、僕の中に緊張感とともに不快感が広がる。血走った目つきのトニーやらその横にいる奴らが、再びいろいろとなんぐせを付けてきた。英語であれこれ反論してみたがらちがあかず、ついついたまらなくなって、僕の口から日本語が出てしまった。

「お前ら、馬鹿じゃないのか」

うわ、やば。と思ったが、すぐにわかるわけないだろうと気を落ち着かせる。しかし、これが思わぬ誤算だった。「馬鹿」という日本語はすでにヤップ人の間で知れ渡った言葉だったのだ。フラグが胸をつかまんばかりに迫りよってくる。

「俺はバカって言葉、爺ちゃんから教わったことがあるんだ。それはクレージーって意味だろう」

酔っぱらっていると思っていたが、案外と分析能力もあるようだった。ピックアップトラックの荷台にはブッシュナイフが積んであるのが見えた。絶体絶命の大ピンチである。

するとジェームスがグループのリーダーに近付き、肩を抱き寄せ語りかけた。早口のヤップ語だったから細かいところまではっきりはわからないが、「日本軍とワタナベは直接は関係ないだろう」というような内容だった。

焦点の合わない目でこちらを睨みながらも若者たちは立ち去っていった。

ジェームスの助け船はありがたかった。しかしふと冷静になると、彼らの言い分ももっともな気がする。日本人であるということ、それは紛れもない事実であり、日本人であるというだけで歴史を背負っているのだと痛感した。

翌日、局に出ると何事もなかったようにフラグが働いていた。昨日は大変だったな、というとキョトンとしている。酒癖の悪いフラグ、全然昨夜のことを覚えていないのだった。

警官の飲酒運転

取材のため、僕たちは北の村に向かって放送局のオンボロ・パジェロを飛ばしていた。コロニアの町を出てすぐのことである、驚くべき光景が前方に繰り広げられているではないか。パトカーが道を大きく乗り出し、ボンネットを海に突っ込んでいたのだ。

これは大事件である。僕の頭の中にハリウッド映画ばりの映像が展開する。大悪党が銃を乱射しながら逃亡、警察官がフルスピードで追いかける。

「犯人はただいま逃走中」

警察官が無線で本部と連絡を取り合う。

「このまま追跡を続けます」

ジグザグ走行を続ける犯人の車。警察官はアクセルを思いっきり踏みこむ。パトカーは犯人の車を追い越し、前に回り込もうとした瞬間、あ、危ない、反対車線から車が……。正面衝突は避けたものの、ハンドルを大きくきったパトカーは頭から海に突っ込んでいった……。

これは大変なことになった。周囲のスタッフの顔を見渡す。

シーン。みんな平然としている。パトカーの横を通ったのに、一瞥《いちべつ》をくれただけで、何の反応もない。くちゃくちゃとつまらなさそうにビンロウジを噛み続けている。あれー？

ちょいとみなさん、ご覧にならなかったの？　驚きで声にならないので、僕は目で必至に訴える。

「ワタナベ、どうした急に慌《あわ》てて」

やっとウィリーが水を向けてくれた。

「具合でも悪いのか。腹痛か」

具合が悪いどころの騒ぎではない。だってパトカーが海に落ちていたじゃない。運転していた警官はどうしちゃったんだろ、大丈夫でしょうか。

「なーに、心配するな、あれは昨日からあったから」

ガルが顔をこちらに向けることもなく言い放つ。ウィリーは陽気な笑い顔だ。

「どうせ、酔っ払って道を外れちまったんだろ」

えー、仮にも警官ですよ。あなたと違って、酔っぱらって職務を乱すなんてあり得ないでしょうと言おうとしたが、なんとなくその言葉を飲み込んだ。

果たしてウィリーの言葉どおりだった。翌日、警察署の友人に聞いたところ、まだ若い警官が三日前にしたたか酔っ払ったにも関わらずパトカーを運転し、誤って海に突っ込んだというのだ。幸い回りにひともおらず、本人にも怪我はなかったようで、たまたま通りかかった知人の車で帰ったらしい。

日本なら「警官、飲酒で事故」「現職警官、パトカーを飲酒運転」などと即日報じられる類《たぐい》の事故である。間違いなく全国放送のトップニュースである。

さらにメディアは容赦なく追いかけ、しまいには「酔っぱらって海に転落　驚愕の新事実！　現役警官Aの知られざる過去とは」と、あわれ酔っぱらい警官は週刊誌で特集を組まれることになるだろう。「お父さんのためのワイドショー講座」では堂々、その週のランキング一位を飾るはずだ。

しかし、ヤップ島では飲酒運転など日常茶飯事。というか夜にもなると酔っぱらい運転でない車はないといった具合だから飲酒の事故など誰も気にも留めない。これはニュースではなく普通の出来事だったのだ。よって局長判断でニュース項目から外された。

何か違うような気がしたがうまく言葉にできない。こういうことこそメディアである我々が訴えるべきことなのに……。

で、この警官、当然なんらかの罰を受けると思うのが当然だが、違うんです。全くのお咎《とが》めなしで、以前と変わらぬ涼しげな顔で平然と公務についているのだ。放送局にもやってきて楽しそうに油を売っては帰っていく。

ヤップでは犯罪の数に比べ、あまりにも監獄の数が少ないのだという。確かに警察の中の監獄の数は三つの小部屋に大部屋ひとつで、合計で最大二十五名しか入れない。そのためなるべく逮捕者を出さないようにしているらしい。だから警察官も多少のことやったって罪として問われないのだ。ちなみに一部の罪の軽い囚人は、日中外出が許され、野外でゴミ拾いや草むしりなどの奉仕活動をしている。フルタイムで牢に入っていない彼らは「パートタイマー」と呼ばれていた。

そうはいってもヤップ全体で犯罪者は二十五人よりは多い。で、監獄に入れない犯罪者たちはどうしてるのか。なんと、刑務所に通勤してるんです。そして昼間は「パートタイマー」同様に奉仕活動などをして、夜になると自分の村に帰っていくのだ。当人たちに訊くことはできなかったが、そんな刑罰しか受けないのだから犯罪者としての意識など低いと思う。

ヤップ島随一のジャーナリストを自称するウィリーとビールを飲みながら話をした。

いったいこんなんでいいの。警察が飲酒で事故っているんですよ。

ウィリーいわく、「やつらも人間、だ」。

しかしあまりにも「人間らし」過ぎるのではないか……。公務もプライベートも渾然《こんぜん》一体となっている実情に島社会のモラルの限界というものを感じた。

結局、この事件は「ヤップニウス」で取り上げられることはなかった。郷にいれば郷に従え、といってしまえば簡単だが、僕の中のジャーナリスト精神は大きく傷つけられた。この事件をニュースとして放送できなかったのは僕の完全な敗北だった。

えっ？　ヤップでテニス？

「ワタナベサン、高校にはテニスコートはないぞ。行くだけ無駄だ」

ひとつのうわさに心を動かされた。ヤップ高校でテニスをやっていると伝え聞いたのだ。しかしガルはかなり真顔で否定する。

「みんなは夢の中でテニスをやっているつもりになっているんだろう」

そこまで言われると、だんだんと僕も半信半疑な気持ちになってくる。でも論より証拠だ。仕事が終わると、面倒くさがるガルに空港に行く途中にある高校の入り口まで送ってもらった。

「ぜったいにやっていないぞ」

ガルはそう言いながら帰っていった。

無駄足覚悟でグランドへ歩いていくと……。ジャーン。やっていました、やっていました。数人の男たちがしっかりとテニスウェアーを着込んで、テニスボールを追っかけていた。

テニスコートはヤップ式で、さすがに野趣に富んだものだった。とうぜん専門のコートなどない。日中はバスケットボールに使われているというデコボコだらけのアスファルトの屋外コートに、どこからか見つけてきた金属の棒を突き刺し、そこに「ネットらしきもの」（これは魚をとる網か？）を引っ掛けて即席のテニスコートを作り上げていたのである。ラインはほとんど消えかかっていて、自分達で適当に審判してやるしかないようだ。だがそんな環境を意に介さず、大のおとなが五、六人えっちらおっちら動いているのであった。

しばらく、脇でそのプレー振りを見ることにした。みんな順番で交代しながら、ダブルスの試合をやっていたのだが、しかしただひとり、小太りの壮年の男が決して誰ともかわることなく、常にコートに立ち続けている。

さらにひとつのことに気付いた。小太りの男性は相手の打つボールの大半を、例えコートの中に入っていても、自己審判《セルフジャッジ》でアウトにしてしまうのだ。そして自分の球が相手からアウトと判定されると猛然と相手につめより罵倒《ばとう》する。時には~~ファック~~とか~~シット~~などとのたまう。相手も大抵、その勢いにおされて自分の前言を撤回、その男性のポイントがどんどんと加算されていく。そんな彼に誰も勝つことができない。当然である。

それにしても不思議なのはみんな、男におとなしく従っていることである。横暴な態度に誰も逆らうことなく粛々《しゅくしゅく》とテニスを続けているのだった。いったい、どうして……。

「さあ、ワタナベ、こっち来て一緒にやろう」

ゲームが終わり、僕の姿を認めた知人が笑いながら手を振った。

ラケット持ってないんだけど、大丈夫かな。

「関係ない、俺のを貸してやるから」

よし、ヤップ初テニスだ。楽しみだ。

しかし柔軟体操を始めたところ、威圧的な声がこちらに向けられた。

「おい、お前、ラケット持ってないのか」

小太りの男がサングラスごしにこっちを睨んでいた。

はい。持ってないのです。横柄な物腰に思わずこちらも卑屈な態度になった。

「じゃあ、ダメだ。ここはテニスをやる場所だ。ラケットを持ってきてから、入れるかは決める」

なんか、いやな感じ。

「でも、入れてあげてもいいじゃないですか」

知人が僕に気遣ってくれるが小太りの男は耳を貸さない。

「ダメだ、そんなことは許さん」

「でも、神父……」

神父？　この人が？　これがアポロ神父との出会いだった。

身分差別の厳しいヤップで、カトリック神父は最上位に近い権威を持っていた。それに加え、アポロ神父は最も位の高い村の出身だった。そのためすべて「やりたい放題」。特にテニスに集まってきているひとたちが身分の低い離島の出身者ばかりだから彼の天下、だったのである。

結局、この日、僕はみんながテニスに興じるのを指をかじりながら見つめるだけだった。いつの日かアポロ神父をテニスで負かしてやるぞとリベンジを心に誓いながら。

不思議で厳《おごそ》かな南の島のクリスマス

女たちが火の回りを歌いながら踊っている。薪《たきぎ》から火の粉が飛び散り裸の肌に降り掛かるが、気にすることなく舞いを続ける。

年に一度の聖なる祭り。女たちの唱える歌は心に染み入ってくる魂のメロディーだった。その歌声は満天の星空に吸い込まれていった。

十二月二十四日、クリスマスイヴの夕刻、年末の休暇を利用してヤップに遊びに来ていたガールフレンドとともに、コロニアの丘の上にあるカトリック教会に行った。風は普段より生暖かく、汗がうっすらと額に滲む。教会の聖堂前の広場には芝生が広がっているのだが、何故か誰も聖堂に入ろうとせず、三々五々座っていた。屈強な男たちが数人立ち現れ、薪を組んでいく。太陽が水平線に沈むと、それを合図に、男たちが火を付けた。パチパチと音をたて燃えあがる炎を見ていると、まるでキャンプファイヤーに来ているような錯覚に襲われる。日本のクリスマスイブの雰囲気とは大違いだ。

夜七時にクリスマスミサが始まると聞いていたのだが、時間になっても誰も聖堂に入ろうとしない。そこに上半身に一糸も纏《まと》わない女たちが現れ、火の回りを輪になって歩き歌い始めた。そのメロディーは、これまで聞いていた聖歌とは全く違っている。か細く消え入りそうな声は切なく、美しい。大地と天とを結びつける聖歌《チャント》である。クリスマスといえば……「きよしこの夜」。でも慣れ親しんだ曲はいつまでたっても歌われない。南の島のクリスマスはこれまで味わったことのない不思議な厳《おごそ》かな雰囲気《ムード》に包まれていた。

女たちは神の子の誕生を祝う踊りを捧げる。場が高揚しはじめ、少しずつ動きが早くなっていく。腰を振り、手を叩き、リズムをとり、まるでフラダンスのようだ。女たちの褐色の肌に大粒の汗が浮かんでいる。

小一時間ほどすると、突然、歌がやみ、辺りを静寂が包み込む。踊りを終えた女たちは大きく十字を切ると、裸の胸に両手をあわせ一列になって聖堂に入る。島のひとたちも、静かに吸い込まれるようにそれに続く。子どもの頃にカトリックの洗礼を受けて以来、僕はミサには慣れているのだが、このピーンとはりつめた空気には圧倒された。

聖堂の中では子どもたちが主役だ。裸にふんどし姿の男の子たちがイエズスの誕生劇を再現し演じている。ちょっと考えると、東方の三博士や、父のヨゼフが上半身裸でふんどし姿というのもおかしいのだが、とってもヤップらしくて素晴らしい。

ヤップは九割以上がカトリックなどのキリスト教を信仰するクリスチャンの島だ。もともとはアニミズム的な原始宗教があったようだが、十九世紀以降、スペインやドイツによる植民地政策により途絶えた。ただ、カトリックもどうしてもヤップ流になってしまう。クリスマスだからといって着飾るわけではない。エナメルの靴なんかもちろん要らない。一年に一度の聖なる夜だからこそ、みんなヤップ正装の「裸」で祝うのだ。強烈なヤップの個性がほとばしる一夜である。

祭壇にはあのアポロ神父がいる。しかし、クリスマスの厳かさの中には傲慢《ごうまん》な彼の姿は微塵《みじん》もなかった。僕は素直にアポロ神父の説教に耳を傾ける。裸のひとびとに囲まれて神聖な気持ちに包まれた南の島のホーリーナイト。こんなにも暑く感動的なクリスマスイブは初めての経験だった。

所変わればナニも変わる

ヤップ島は、一夫一婦制、つまり西洋式の結婚制度を基本としている。教会で神父立ち会いの下、厳《おごそ》かに神にお互いの忠義を誓い合う。離婚や不倫をかたく禁じるキリスト教を信教としているので、その誓いは絶対のはずだ。

しかし、である。もともと性に大らかだった土地柄だけに、ひとびとはいまだに制度にしばられずに暮らしている。どういうことですって？　はい、申し上げます。男は結婚していても浮気なんて当たり前。むしろ愛人くらいいないでどうする、という世界なのだ。

記者ウィリーと飲んでいた時のことである。

「ワタナベ、そろそろ女を作ったか」と唐突に訊くではないか。

「な、なにを言い出すんだ、いったい」

一瞬、取り乱し慌《あわ》てて否定すると逆に不思議がられたのだった。

「ヤップではみんな男は愛人、恋人のひとりやふたりはいるもんだ。俺だって……」

指を折り数えだした。こういっては悪いが、お国は違えどもウィリーは決して見目麗しい男とは言い難い。むしろ到底もてそうには見えない形相をしている。いつもビンロウジの涎《よだれ》を流していてこの男と接吻をしようとする女性がいるのかと心配になるくらいだ。そのウィリーからして妻とは別に愛人がいるというのだ（彼の話を信じれば、だが）。

また、その現場を見たことがないのではっきりしたことはいえないのだが、この島では、避妊をあまりしない。お店に避妊具が置いてあるのを見たことがない。病院で無料で配っているとのことだが、あまり取りにくるひとはいないという。だから当然の結果として、妻どころか愛人までが妊娠し、子どもを産んでしまうことがしばしばである。

これはややこしいだろうなあ、と思っていたが、そんなのは西洋流のルールにどっぷりと慣れてしまった者の杞憂《きゆう》にすぎなかった。たとえ未婚の女性に子どもが生まれたとしても、あわてずふためかず、一族の誰かが引き受け育てるという。

時として妻たちは不倫の現場をおさえると、相手の女性の髪を切り落とすこともあるらしい。でも妻は妻で夫の見えないところでよろしくやっていることも多々あるというから、我々には想像し得ない妙なバランスが成り立っているのである。

ついでにヤップの性の概念について触れたいと思う。一般的に我々男たちは女性の下着に包まれた部分が露出された時に昂奮する。だから、女性の隠される部分が異なるヤップ人の「エッチ」な概念は日本人とは根本的に違う。胸を剥《む》き出しにするのが日常一般化している文化なので、ヤップの男どもはおっぱいを見ても何とも思わないらしいのだ。

逆に彼らがこだわるのが、我々には意外な部分。それは太ももである。なるほど、気をつけて見ていると、ヤップ女性はどんな時も太ももを見せていない。海水浴をするような時でも、ズボンやスパッツを着用し、膝元まで覆《おお》っている。それなのに上半身は裸だったりするからややこしい。こちら的には胸が見えている方がよっぽどセクシーなのですが……。

そのため、太ももを見せようものなら、何をされてもいい、という意思表示になるそうだ。だから日本から来たギャルなんかが浜辺でビキニ姿で寝ころんでいると、これは危険な状態、エマージェンシーだ。ヤップ男からすると女の子がヌードで寝そべって挑発しているのと同じなのだ。

太ももで昂奮し、ふくよかな胸に何も感じないヤップ男性。所変われば男の欲望の対象も変わるモノなのだ。大いなる発見でした、ハイ。

アメリカ合衆国と援助金

ヤップ島には基盤となる産業がなく、ビンロウジや、椰子《やし》の実からとるコプラを輸出するくらいだ。四方を海に囲まれているが、漁業で暮らしを立てているひとは数名しかおらず、男たちのほとんどは家族に食べさせる程度の魚を日々、捕ってくるに過ぎない。人口も七千人余りなので商店やホテルはあるのだが、ある程度の就業人員を必要とする民間企業などは無い。

ではひとびとは何を生業としているのか。「お役所勤め」であります。就労した成人男子のほとんどがヤップ州政府の公務員。その構造の裏には、なんというか、やはりというべきか、世界の番長(言い間違えました、世界の警察、でした)、たとえ地の果てだってやってくるあの「正義」の国が存在するのだ。おせっかいな超大国は太平洋の小島にも大きな影響力を持っていた。実はヤップ州政府そしてミクロネシア連邦政府を運営する金の七割はアメリカ合衆国からの援助金なのである。

米ソが対立していた冷戦時代、アメリカは太平洋に戦略的拠点を設けた。ビキニ環礁の原水爆実験で知られるマーシャル諸島からパラオ、そしてフィリピンまで太平洋の東から西までの島々に基地や施設を置いて有事に備えていたのである。そして地域の島々にアメリカは議会、行政、交通、教育、医療などあらゆる分野で「植民地的運営」を行うための財政を全額支出した。いわば「所場代」みたいなものか。一九八六年にミクロネシア連邦は、アメリカとの自由連合協定のもとに独立したが、アメリカは「統治の代償」および「経済的自立」のために財政援助を続けた。それが「コンパクトマネー」と呼ばれる援助金だ。

大国はドカンドカンとお金を落とした。その結果、国家予算の大半をしめる援助金にミクロネシア政府そして島のひとびとはすっかりと馴染《なじ》んでしまった。悪くいえば「援助馴れ」である。産業がなくても、毎年アメリカから一定の額が払い込まれるのだからひとびとは働かなくなる。だから自動的にヤップでは公務員の数が多い。こうしてただでさえのんびりしたひとたちは、さらにのんびりとしたひとたちになってしまったというわけである。地場産業など誰も真剣に取り組みはしないのだ。やってもやらなくてもアメリカからお金は来るのである。

八〇年代の終盤に、時代に変化が起きた。冷戦構造の氷解である。ソビエト連邦共和国は崩壊、米ソの対立が引き起こしていた緊張は消え去った。アメリカは最早、莫大な維持費を南の島々に払い続け、ソビエト侵攻に備え防衛ラインを維持する必要がなくなってしまった。ヤップにもアメリカの工兵隊がいたのだが引き上げてしまった。

よし、この際、援助金もやめてしまえ。当然そういう考えになる。で、アメリカはミクロネシアに最後通牒《つうちょう》を突きつけました。独立した年に始まった十五年間の「自由連合協定」が終了するため、二〇〇一年を持って援助金を打ち切るというのだ。

困ったのはミクロネシアのひとびとだ。どうしよう。今更、自給自足、電気のない生活に戻ることもできない。

僕がヤップにいた九五年から九七年は、その問題にみんながまさに取り組もうとしていた時期だった。キーワードは日本でもちょっと前に流行った「構造改革」である。政府一辺倒だった社会のシステムをあらため、できることはどんどん民間におろしていこうというもので、まさにコイズミさんの「痛みを持った」改革と同様なものをヤップもやろうとしていたのだ。僕がヤップにいた頃は、手始めとして政府の運営する火力発電所を第三セクターの電力会社に作り直そうとしており、社長を公募した結果、米国在住のアメリカ人が選ばれていた。

ヤップ改革はその後いかに。どこかの国と同様、残念ながらなかなかスムーズに進んではいないようだ。では、二〇〇一年の援助打ち切りにより、ひとびとは原始の生活に戻ったのか。

ノー、である。結局コンパクトマネーの期限はさらに二十年延長になり、アメリカも相変わらずミクロネシアの島々に援助金を支払い続けているのだ。しかしアメリカにメリットはなく、打ち切りたいとの方向性は変わっていない。

これはたいへんな事態であるが、考えようによっては良い機会に違いない。ヤップよ、ミクロネシアよ、もう援助を期待せずに独自の道を歩いていこうではないか。はやくあの国と別れたほうが得策ではないだろうか。（そんなことをいう我が国も、なかなか別れることはできないようですが……）。

女の館

女の館？　ＤＪリトンの話に、冷静さをよそおったが、胸の鼓動は一気に早まっていた。鼻の下も若干、のびていた。

そ、そ、そこに僕が住むのですか。

「そうだ。お前が気に入らなかったら別だけど」

リトンがろれつの回らない口調で言うのだった。断る理由がないし、ここで断ったら男がすたる。即決だった。

ヤップに暮らして半年がたとうとしていたが、相変わらず僕はゴキブリが日夜跋扈《ばっこ》するゴミダメの横に暮らしていた。犬と猫に囲まれた生活は寓話的でそれなりに楽しくはあったが、何といっても臭いし、じめじめしていて不衛生であることは間違いない。放送局に近くて便利ではあるのだが、一種の外国人居住地区で、島の生活の醍醐味《だいごみ》が感じられないのも不満である。かつて暮らしたワニヤン村で経験したようなディープな村の営みにもう一度のめりこんでみたかった。

あるペイデイの日、酔っぱらったＤＪリトンに相談したところ、良いところがあるという。連れて行って貰うと、そこは彼の家だった。コロニアの外れの高台の一画にあり、眺めは良いのだが……。半分朽ち果てており、「落ち武者の家」といった風情。『羅生門』のセットにでも使えそうだ。家全体がシロアリどもに食い荒らされている。家の周りは手入れされておらず、藪《やぶ》が茂り、蚊が大量発生している。リトンが家にまったく帰らずに放送局に寝泊まりしているわけがいっぺんにわかってしまった。

すみません、リトン、ここにはどうも住めそうにありません。彼も最初からその答えを予想していたようで、妙に納得顔である。じゃあすすめないでよ……。

それから一週間後に再びリトンと飲んでいたのだが、彼の生まれ育った村に一軒良い家があると、急に思いだしたように言いだした。

「ワタナベ、そこをお前はきっと気に入るぞ」

「ど、どうしてですか」

「ムフフフフ……」

リトンの鼻息が急に荒くなり、気味が悪い。いったいどんな場所なのか。そこは……。

「女の館だよ」

僕の鼻息も荒くなっていた、当然のことながら！

マガフ村は、コロニアから六キロあまり離れた西海岸沿いのわずか四世帯の静かな村落だった。女の館は集落の真ん中に位置していた。外観は別段、変わった建物ではない。トタンで作った屋根と簡素なベニヤで囲まれたヤップではよくある普請の家だ。

でも何といっても「女の館」である。何かあるに違いない。どきどきしながら内部に入ると……。ガランとして殺風景。別に女の人が住んでいるわけではなかった。すかを食ってしまった……。僕の鼻の下が急速に短くなっていた。

近所のユウンがそのイワクを教えてくれた。家は元来、村の女たちの集会所として作られたものだった。しかしいかんせん四世帯の村、成人した女性が四人しかいない。そのため自分たちの家の前に広がる芝生で「集会」は事足りてしまうことに気付く。館なんか最初からいらなかったのかもしれない。でも建ててしまった。だから「無用の長物」的公共施設と化してしまっていたのだ。無駄な公共事業、というやつですね。で、放っておくのも勿体《もったい》ない。シロアリの巣になるよりも、誰かを住まわせた方が村の収入にもなる。そんな経緯で、借り手を募集中だったのだ。

家は多少シロアリに食われていたが、これまでのゴキブリの猛攻を考えれば、可愛いものだ。部屋は一つだけだったが、集会用に作られた広々とした縁側があり、快適そうである。

水道はあるにはあったが、すぐに断水するらしい。そのかわり雨水をためるタンクがあり、基本的にそれを使う。コロニアのアパートより明らかに不便そうではあったが、それでこそヤップの生活だろう。

すぐ横に海があり（ほんとうに五メートル先はマングローブの海！）、石貨がきれいに並べられ、椰子《やし》の木が生い茂る村は手入れが行き届いており、美しかった。隣に住むグルワンというおばあさんも親切で、椰子の実とタロイモ料理で歓待してくれた。ヤップ上陸から六ヶ月、こうして僕は女の館の主人となった。

女の館に住み始めたということはヤップ中にすぐに知れわたった。会う人は妙ににやけたり僕の肩を手荒に叩いたりした。「どうだい、住み心地は」「女がいっぱいだろう」。下卑《げび》た笑いを浮かべる不遜《ふそん》な輩《やから》もいるのだった。

後で知るのだが、ヤップでは女性は生理の時に「穢《けが》れ」として家から遠ざけられる習慣があるという。女の館はその間に過ごす場所でもあった。女の館の別名は「月経小屋」だと知る。うーん、かなり意味深な場所に僕は住み着いてしまったらしい。

さて、我が家の軒先は八畳ほどあり雨露もしのげるため、いつの日からか村の女たちはそこで井戸端会議をして帰っていくようになった。時として大声で奥にいる僕にビールをねだる。仕方ない。隠し持っているビールをサーブする。「ワタナベ、もう一本。何かつまみはないのか」。ハイ、ハイ。ただ今……。待てよ、僕は女の館のボーイか？　いずれにしても我が家は女性たちの集会所としての機能もふたたび立派に果たすようになっていったのである。

驚異！　ヤップの老人力

「ワタナベサーン、いますか。ちょっといいですか」

日曜の朝、甲高い間延びした声に目をこじ開けられる。声の主は隣の村に住む裁判官のイギンさん、推定年齢七十歳以上七十五歳未満だ。日本統治時代に公学校に通っていたために日本語が達者。すでに我が女の館のベランダに上がり込んでいる。

や、おはようございます。なんでしょうか。

「あのね、ビール買ってきたからね」

それにしてもずいぶん早い飲み会だ。まだ九時前である。イギンさんは、サシミもあるよ、といってコンビーフの缶詰を無造作に差し出す。ヤップではサシミという日本語が「酒のつまみ」という意味で使われるのだ。ちなみにサシミのこともサシミといいます。僕も眠りから完全に覚めていない状態ではあったが、ぼんやりと薄い味のアメリカ製ビールを流し込む。

普段、饒舌《じょうぜつ》なイギンさんが、この日はびっくりするほど寡黙《かもく》。体調でも悪いのか？　でもそれだったらビールなど飲まないよな。では悩みごとか？　でもイギンさんに限って、そんなものはなさそうだ。老人はビンロウジを噛みながら、黙って飲み続けている。よくよく観察すると、イギンさんはときおり目線を自分のワイの方に向け、落ち着きがない。さては腹の内に何か隠していることがあるな。

ハーフケース（十二缶）ほどビールを空にしたところで、イギンさんはこちらを上目遣いで見ながら言う。

「ワタナベサン、いいものがあるからね、くゎくゎくゎ」

怪鳥のような甲高い笑い。なんか、薄気味悪い。イギンさんの目つきはどんよりと正体のないものになっていた。

ワイからおもむろに取り出したのは一本のビデオテープだった。

「くゎくゎくゎ、一緒に見ましょう」

海賊版なのだろうか、中身がよくわからない。何のビデオですか。

「くゎくゎくゎ、あなたも大好きだよ、くゎくゎくゎ」

嫌な予感がした。しかし仮にも相手はヤップで尊敬されている長老のひとりで、しかもひとの上に立つ裁判官である。僕は自分の中に湧きあがった疑惑を否定する。ハリウッド映画かなんかだろう。それにしてもイギンさんの目つきは尋常ではない。

イギンさん、カチドウ（日本統治時代の名残で映画のことを活動写真が訛《なま》ったカチドウという）ですか。

「カチドウではありますが、もっといいものです」

やけにはっきりと僕の目を見つめ言い切るイギンさん。

予感は悪い方に的中した。裁判官イギンさんが持ってきたのはXレイテッド、つまりアメリカの「エロビデオ」だった。

ビデオを手にしたイギンさんの動きは一転して機敏になり、再生機《ビデオデッキ》めがけてすたすたと歩いていった。それは酔っぱらった老人の動きではない。

のっけから奇妙なビート音楽が鳴り響き、それに合わせるように一糸まとわぬ西洋人の男女の濡れ場が始まった。もちろん無修正のため、かなり過激な内容である。近所に音がもれ聞こえやしないかと気が気でない。でもイギンさんはそんなこと一向に頓着せず、モニターの前にどっかりとあぐらをかき、目尻をたらしながら食い入るように見とれている。

「いやー、楽しいですね、ワタナベサン」

何が悲しくてこんなハメになったのだろう。老いたイギンさんと二人してエッチなシーンを観ても落ち着かないし、楽しくない。こういうものはひとりこっそりと見るべきものだ。僕はひたすらビールを飲み続けるしかなかった。

しかしイギンさんはそんな僕の気持ちなどわかるわけもなく、ひとつひとつのシーンに大げさに反応し、心から楽しんでいる。

「アメリカの女の××は大きいですの」「あっ、今このアメリカの男のお方は吐き出しましたな。くゎくゎくゎ」（吐き出すのは、もちろん口からではありません）

あっぱれ、ご老体。ヤップの「老人力」には完全に舌を巻きました。

「くゎくゎくゎ　いーですのーぉ」

じたばたしても仕方ないでしょ

ヤップの近くの海は、台風が発生する場所として有名だ。そこで発生した台風がわれわれのお馴《な》染《じ》みの台風何号というあれになる。しかし、発生してもまだ小さく、すぐに北進するため、台風がヤップ周辺で猛威をふるうことはないと聞いていた。しかし、まれに例外もあるという。その例外に僕は連続して二度も遭遇してしまった。

僕の住む家「女の館」は島の西側の海岸沿いにあり、軒先からわずか五メートル先はマングローブが生い茂る海。とはいえ家自体は高床式になっていて、少しぐらい潮が満ちても何の問題もない作りである。でも……大自然のパワーはそんなに生やさしくはなかった。

最初の台風が我が家に襲いかかったのは、僕が協力隊の定例会議に参加するため、首都のあるポンペイ島に一週間ほど赴いていた時のことだ。会議の最中、かなり大型の台風がヤップに接近しているというニュースが飛び込んだが、そのときはそれほどの事態は予想しておらず、僕はかなり呑気な気分でいた。

ヤップに戻ったのは、台風が過ぎて三日後である。家に近付くと、あたりの茂みがぐっちょりと濡れていて、しおれている。枯れてしまっている木々もある。

女の館に一歩踏みこむと……。あたり一面は砂だらけで、蟹が横ばいをしているではないか。ところどころに水たまりがあり、小魚まで打ち上げられている。いつの間にか、我が家はビーチになっていた。砂は壁にもこびりついており、一メートルほどの高さにまでおよんでいる。ということは、そこまで海水が襲っていたということになる。

床に散乱していた僕の衣服はすべてボロ雑巾のようになっており、蒲団はぶにょぶにょの「ウォーターベッド」になり、本棚に置いてあった本はみんな仲良く濡れている。ためしに文庫本の端を舐《な》めてみたのだが、しっかりと塩っぱかった。

一度あることは二度ある。それから一週間後、再び大型の台風がヤップを襲ってくることが判明、仕事は休みになり、家で待機となった。

いつにない大規模な暴風雨で、庭先の椰子《やし》の木がしなり、きしむ音をたてている。ボトッ、ボトッと低い音をたてながら、椰子の実が落下している。海が遠くでゴオーと低いうなり声のような音をたてていて不気味なこと極まりない。台風は、どうやらヤップの真上にいるようだ。ドカン！稲妻が光った次の瞬間、停電になってしまい、薄暗い部屋の中で、僕は恐怖心を感じながら不安な時間を過ごした。荒れ狂った風と雨はとどまる気配をみせない。夏掛け蒲団を頭までかぶり、ただ時が流れるのを待つ。

五時近くになると、急に風雨がぴたりとやんだ。どうやら、台風は通り過ぎたようだ。のどもと過ぎれば何とやら、で、何だ、大したことなかったな、と急に気が強くなる。洪水が来なかったことで、すこし拍子抜けもしていた。ちょっとしたスリルを味わいたかったのも事実だ。でもなめてはいけなかった。自然はそんな生やさしくはない。

ブー、ブブー、ブー。とつぜん、豚の鳴き声が台風一過の静寂を打ち破った。外に出ると隣の空き地に放牧している豚がグルグルとあたりを走りだした。目は必死である。我が家の縁側に目を向けると、グルワンおばさんが放し飼いにしているニワトリが二羽、高い場所にある手すりのところに飛んできて、そこに居座っている。豚の鳴き声がどんどんと甲高くなり、大きくなってきた。これは、いったい……。何かが起こる前触れに違いなかった。

耳をすますと、ゴーッという音がする。海鳴りだ。これはひょっとして……それから数秒後のことである。

ジャブジャブジャブ。聞き慣れない音がした途端、泡だった水が家の裏側から侵入を始めた。みるみるうちに水位があがり、あたり一面が水に充たされた。かくして我が家は再び海の一部となった。

茫然自失、とはこういうことをいうのだろう。頭の奥底では事態を理解していたような気がするが、体は凍り付いたようになり、どうしていいのかわからなかった。ようやく我を取り戻した時には膝上まで海水は侵入しており、バケツでかきだしても焼け石に水。とりあえず電化製品だけは一番高い棚にどんどんと載せていく。冷蔵庫はすでにどっぷりと浸かっており、一人で動かすのも難しく、あきらめた。本の類はすべて浸水してしまった。

ひとりでバケツ片手にあたふたとしていたら、庭先から賑やかな声が聞こえてきた。

「ワタナベサーン。こんにちは――」

あの甲高い声は……。案の定、裁判官のイギンさんがやけにニコニコしていて、我が家の前に立っている。なぜか、ビールをケースごとお腹で抱えるようにして持っていた。

「くゎくゎくゎ、やや、たいへんですね」

まだ浸水していないベランダの縁に、ニワトリたちと並ぶようにどっかりと腰掛け、やけに呑気に言うのだった。

「ささ、飲みましょう」

え、飲むんですか。

「じたばたしていても仕方ないでしょ。ささあ」

まさにその通りだった。所詮、自然の脅威に打ち勝つことはできない。

ヤップ裁判所の裁判官イギンさんと

バケツを横に置き、すべてを放置して飲んでいると、近所に住むユウンも前日に捕ったのだという魚を片手にやってきた。我々の声を聞きつけたのだろう、近所の女性たちも集まってきた。いつの間にか我が家の縁側は「宴会場」になっていた。
「ワタナベサーン、これで床が水洗いできて、良かったね、くゎくゎくゎ」
何事も取りようだ。ヤップのひとのポジティブな考え方に、なんか洪水も笑えてきてしまった。
台風のあとの夕焼けがやけに赤く美しかった。日没後にようやく海水は大量の砂と小魚を置き去り、我が館から撤退した。僕らはちょっと不思議な体験をツマミに夜中まで飲み続けたのだった。

chapter4＊大航海の日々

僕を男にする旅の始まり

一週間のニュースがすべてわかる、それが「ヤップニウス」だ。お祭りから台風の被害、そして電気料金の値上げまで、ヤップに密着した話題は徹底して取り上げる。でも……。ニュースがない週はほんの数分で終わってしまう。

けれど、これはひじょうに正直だ。日本では最初に番組の枠が決まり、時間が割り当てられる。だから劇的なニュースがなくても時間はきっちりと埋めなくてはいけない。今日は早く切り上げよう、ニュースがないからこの辺で失礼します皆さん、というわけにはいかないのだ。しかしヤップではニュースがなければ正直に「無い袖は振れない」という姿勢で、あっさりと切り上げる。いさぎよいといったら褒《ほ》めすぎだろうか……。

一九九六年五月、独自のニュースが始まって八ヶ月がたとうとしていた。とにもかくにも、数分間でも隔週ニュースは流れている。

このままニュースをしっかり出していくことはもちろん大切だ。でも、ここまで来たのだから、もう一歩、先に進んでみたい。僕は、次なるテレビ番組に取り組むことを考え始めていた。

特集番組――。ひとつの出来事を徹底的に追いかけ、構成していくというものだ。ニュースと違って、時間と手間がかかるし、人手も必要だ。でもニュースでは伝えきれない場面もじっくりと見せることができるため、より深く物事を伝えることができる。無謀な挑戦にも思えたが、うまくいけばヤップ放送局の幅が広がる。

ちょうどその頃、ヤップの州知事が、ヤップ州のすべての離島と隣のチューク州の一部の島々を訪ね、現状を視察するという計画が政府から発表された。知事にとっては、就任以来初めての離島への表敬訪問だった。

しめた、と思った。これは特集の第一弾にもってこいの話題に違いない。十余りある有人の離島のほとんどには電気や水道がなく、ひとびとは自給自足の昔ながらの生活を送っているという。それぞれ独自の文化を保っている離島の映像は、これまでヤップを離れたことのないひとたちにとっても新鮮に映るだろう。僕にとっても普段親しくしているマドリッジ（離島出身者が集まって住んでいる集落）のひとたちの故郷がどんなところかを知るビッグチャンスである。

しかし、すぐに大きな壁にぶちあたった。移動距離とそれにかかる時間である。ほとんどの離島は飛行場がなく、必然的に船で行かざるを得ないのだが、島どうしは離れていて、横に千キロにもわたる海域に点在していた。全日程をこなすためには少なくとも三週間、下手すると四週間はかかるという。

これはダメだろうな。せっかくの機会だったが、いくら何でも時間を奪われすぎだ。しかしガルの反応は意外なものだった。

「ワタナベサン、ぜひ行ってきてくれ」

政府側も知事の初訪問ということもあり、記録映像を残したいらしく、メディアの同行を希望しているという。公の理由で離島旅行なんて、いやあ、こんなラッキーなことは滅多にない。

「ワタナベサン、これはお前を男にする旅でもある。アレンジはすべて俺がやるから安心して取材してきてくれ」

僕を男にする旅？　ガルの言う事は何だか意味不明だったが、色々と準備をしてくれるのはありがたい。こうして僕は離島出身のハスマイを連れて長い長い撮影の旅に出ることとなった。

出発当日。カメラにバッテリー、それにテープに三脚。準備は万全だ。と思ったら、港へ行くための車がない。まずいことに出発時刻は迫っている。何を思ってか、ガルが車を使ってどこかに行ってしまったのである。

「悪かった、ワタナベサン」

両手にビンロウジを抱えたガルが戻ってきたのは、出航の十分前。そのまま港に飛ばして貰うが、着いたときにはすでに出航時刻をまわろうとしていた。しかしよく考えてみれば、ヤップの船が時間通りに出るわけはなく、港にはやけにゆるやかな時間が流れていた。

僕たちが乗り込むのは客船「ミクロネシアの魂」号である。いつも離島巡りをしていて、あまりヤップに停泊していないため、魂号を目の当たりにするのは初めてのことだ。

三週間にわたってともにする運命共同体は想像以上に小さかった。かなり古びていてあちこちに赤さびが浮き出ており、片道千キロの大海原を果たして無事に走るのか、一抹の不安を感じさせた。

でもそんな不安な気持ちを抱えているのは僕ひとりのようで、裸にふんどしや腰巻き姿の離島のひとびとで満杯の船着き場は、祭りにも似たざわめきと熱気が満ちている。僕もだんだんと離島モードへとあいなってきた。調子にのって不慣れなふんどしをはいていたので、いつなんどきゆるんで落ちないか心配ではあったが……。

出航予定時刻を三十分すぎ、接岸用のロープが解かれ始めた。僕とハスマイは、撮影機材を両手にあわただしく船に乗り込む。重い荷物を両手に階段をのぼるのは一苦労だったが、幸いなことに、ふんどしもはずれることなく甲板に到着。初めての離島訪問を前にした知事のインタビューを撮るため機材をセッティングした。

しかし、いないのだ。誰って……肝心のヤップ州知事が、です。ハスマイと手分けして船の中を隅から隅まで何度捜しても見つけることができない。

ボー、ボボーッ。予定を遅れること一時間、出航を告げる汽笛が鳴り響く。副知事のマチアスとすれちがったので、聞いてみた。

「ところで知事はどうしたんですか」

マチアスは事もなげに言い放つ。

「ああ、知事はさ、急に来なくなったよ」

えっ。何ですって。

「だからさ、来ないんだよ、知事は」

絶句。なんとドタキャンです。私たち、何のためにここにいるんだろう。「ミクロネシアの魂」号はすでに岸壁を離れて、ゆっくりと沖合に向かっていた。視界にはひたすら大海原が広がっている……。

甲板のニッポンジン

翌朝に到着するファラロップ・ユリシー島まで「ミクロネシアの魂」号はノンストップだ。知事の同行取材という目的を失った僕は呆然《ぼうぜん》と日没後の輝きを失った海を見ていた。漆黒の太平洋は無表情で、僕をすっかり不安にさせる。携帯電話などという便利なものはなく、現状を職場に知らせることもできない。

仕事がなくなったので、ヤップに帰らないといけないよなあ。しかし、ユリシー島で仮に降りても、客船は一隻しかないので次に来るヤップ行きの船は同じ魂号。ユリシーに再び到着するのは離島巡りを終えた三週間先のことになる。ユリシー島には飛行場はあったが、この時期飛行機は整備中で定期的には飛んでいないとのこと。もはや簡単には帰れないことは明らかだった。

ハスマイがあたふたする僕をさとすように語りかけた。

「なるようにしかならないよ」

そうだよな。僕は腹をくくった。知事なしの離島ツアーをじっくり取材することにした。

「ワタナベサン、大丈夫。全部、俺に任せてくれればいいんだ。すべてをアレンジするから」

出発を前に確かにそう言っていた放送局長ガルはうっかり忘れてしまったのだろう、基本的な準備すら何もやってくれてはいなかった。何よりも困ったのは、居住空間だ。仕事で出張だというのに、なんと僕たちには寝泊まりする場所が確保されていなかったのだ。何の選択肢もなく、必然的に甲板で昼夜を過ごすことになる。しかし明らかに定員オーバーの魂号、甲板は混み合っていた。みんな花見のときの場所とりよろしく、自分たちのゴザやシートをあたり一面に敷きつめている。僕はひとの敷いたゴザを分からないように少しずつ動かし、やっとのことで座る場所を作り出した。すえたような食べ物の匂いと赤ん坊の排泄物の匂いが混じり合って、甲板一帯を漂っている。まだ三ヶ月にもみたないような赤ん坊もおり、泣き声がうるさくて落ち着かない。

雑然とした中、甲板の中央にひとびとが近付かない場所があった。そこには白い布がかけられた細長い箱がポツンとおかれている。それは数日前に離島人がまとまって暮らす集落マドリッジで死んだサタワル出身の老人の遺骸が入った柩《ひつぎ》だと知る。

死体、食べ物、排泄物……。何でもありの混沌とした甲板生活。ここで四週間過ごすのか。ガルの言う「お前を男にする旅だ」の意味がわかったような、わからないような……。たしかにここにいれば根性は鍛《きた》えられそうだ。

それでも、最大の懸案事項はクリアーされていた。それは食料である。

「みんな親戚みたいなものだから食う物はいくらでもある。飯は心配するな、ワタナベ」

乗り込む前にハスマイが言っていたのは本当だった。故郷に向かうまでの道のりが長いためか、離島の人たちは自分たちでは食べきれないほど大量に食べ物を持ち込んでいた。そしてみんなはフレンドリーで親切なのだ。あっちこっちで「ワタナベ、こっちきて一緒に食おう」と飯に誘ってくれる。

隣の人が赤ん坊のオムツを裏返して、その上に魚と芋を乗せて「食いなさい」と差し出した。ゲゲゲッ。皿がないので気を利かしてくれたのだろう。しかし贅沢《ぜいたく》はいってられぬ。おしっこの匂いを連想しないようにしながら、魚をありがたく頂戴した。

船上の日本人はただひとりだから、どうしても目立ってしまう。次から次へひっきりなしに、話しかけられるが、だいたい質問は同じである。名前は何だ。結婚はしているのか。していないなら、俺の島にいい女の子がたくさんいるから、そこから選べ。ありがたいことに、この船に乗っていると、お見合いのチャンスは数限りなくありそうだった。

「妻子はいるのか、ワタナベ」。これからウォレアイ島に帰るというJが話しかけてきた。ノー、と答えるとJは深くうなずく。どうやらいつもと違う展開になりそうだ。

「俺は妻と二人の子どもがいるんだ。養育費が大変だ」

それで今回の里帰り、みんなを連れてきたのかい。Jはかぶりを振るのだった。なんで、連れてこないの。そんな僕の素朴な質問に彼は意外な返答をした。

「俺は家族を愛しているからな」

？？？　家族を愛しているから一緒に旅をしない。その心は何ぞや。

「うん、あのな、この船危ないから、俺は絶対家族を乗せないんだよ。家族は大切にしなくちゃね」

な、なんと。魂号はそんな船だったのか。よくよく耳をすませばエンジン音が喘息《ぜんそく》をおこしたように不規則な音を出し続けているではないか。急に魂号が大きな鉄のスクラップに思えてきた。いったい、大丈夫なのか。この不安はその後、的中することになる……。

太平洋は哲学の場

州知事なしの政府代表団の離島訪問。代表者がいないものだから、やはりどこに行っても今ひとつピリッとしない。よりによって今回の離島巡りは、デラックスコース。ヤップの離島だけでなく、ヤップ本島から千キロ以上離れた隣の州のチュークの島々まで足を伸ばす予定なのだ。先は長い。ひきしまらない気持ちと未知の島々を訪れるワクワク感が心の中で格闘し混じり合っていた。

ひとが住んでいる島に立ち寄るのは、三日に一回くらいで延べにしてほんの十数日。あとはひたすら太平洋をのんびりと進んでいくのみ。僕の公私ともどものお助けマン・ハスマイは、久しぶりに故郷サタワル島に帰れるとあってすっかり大はしゃぎ。テレビカメラなどほったらかして、単なる旅行者のひとりになっており、僕のことなどとうの昔から完全に忘却状態。甲板のあちこちで朝から晩まで宴会にふけっており、大声で歌っているのが遠くからもわかる。

パートナーから見放された僕は甲板の上で一日、所在なく寝ころんでいるだけだ。日中の甲板は騒々しいことこの上ない。赤ん坊の泣き声、何かの病気なのだろう、老人が咳き込む音、酔っぱらいのわめき声……良いか悪いか別としてもひとびとの熱気があたりにたち込めている。

「ミクロネシアの魂」号は離島巡りを専門とする旅客船だ。一二五人が定員とされているが明らかに倍近くの人を乗せていた。何事もおきませんように……根性のない僕は、普段頼ることのない神さまに一日に一度は祈りを捧げるようになっていた。

ここであらためて、僕のねぐらとする甲板の一角を紹介しましょう。右隣の太ったおばさんは船酔いしたようで一日中、ゲロゲロしている。悪いことに袋にもどさず、あたりにブチまけるから、臭くてこちらももらいゲロをしそうになる。さらに悪いことに、酔っているのなら食べなければいいのだが、飯時になるとしっかりと食べる。そしてもどすのくり返し。いやはや。

就寝時間がまた憂鬱だ。左隣の男のふんどしを巻いたおできだらけの尻がいつも僕の顔の前にあり、いつそこから臭気が放たれるのか、その恐怖につねにさらされていたのだ。

でも、とっても素敵なこともある。航海中の夜空の綺麗《きれい》なことは筆舌に尽くし難い。陳腐な表現で悔しいけど、宝石のようだ。星の光で本が読めそうなほど、ぎっしりと漆黒の空にまたたく。あまりにも星が多すぎて星座が見分けられない。流星がひっきりなしに流れ落ち、いくらでも願い事がかないそうだ。天の川は乳白色の帯をなし、「ミルキー・ウェイ」という表現がぴったりとあてはまる。子どもの頃に見たプラネタリウムを思い出したが、その硬質な輝きと異なるあたたかみを星々は放っていた。

ひたすら外は海。そして空。あとは何も無し。シンプルそのものである。他にあるのは何だろう……。時間だ。うっかりとして時計を持ってこなかった僕は、太陽の動きでおおよその時間を知るしかなかった。すると不思議なもので、時間はぜんぜんたたず、一日がやけにゆっくりと過ぎていく。

そういえば、時間のことを最初に意識したのは日本からヤップに来た当初のことだった。ヤップでは「あれれーっ」と思うほど時間がたたないのだ。時というものは心の動きと連動していることに気付いた。こちらがあせると時間は早くなる。でものんびりと構えると向こう（時間）もゆったりとしているのだ。

太平洋の上で、時間は明らかにヤップの時間よりさらにスローさを増していた。魂号のゆったりとした歩みは、はるかなる海の連なりと調和していた。いつまでたってもランドマークなどなく大海原と砕ける波頭があるのみ。時には、時間は止まってさえいた！　太平洋の雄大さは時間をあやつる力を持っているのかもしれない。時の神クロノスも洋上で昼寝をしてしまい、時を刻むのを忘れてしまったかのようだ。

どこまでも続く青い海は自分の中に備えていたつもりだった「時間の感覚」を完全に奪い取ってしまった。ふと考える。時計などに惑わされることのないこの流れの方が本当の時間なのかもしれぬ。うーむ、時間とは何だ、そもそもここにいる僕という存在とは何ぞや……。

青い海と青い空、そしてスローな時の流れは、僕に不慣れな「哲学問答」を強いたのだった。

＊

ヤップ本島を出航して十日目のことだ。「ミクロネシアの魂」号はヤップからおよそ六百キロ離れたウォレアイ環礁の中に浮かぶファラロップ島に到着した。どの離島も同様なのだが、島には港と呼べるような施設はない。周囲はサンゴ礁で浅瀬になっているため、魂号は島の沖合で停泊することになる。荷物を運び込むのに半日甲板で待たされたあとに、ようやく小型ボートで島に上陸する。

先に降りたった副知事のマチアスが、小太りの男と抱き合い、固い握手をしている。ちょっといつもと雰囲気がちがう。小柄な男性は向こうを向いたまま他の政府代表団の面々と話し込み始めた。いったい誰なんだろう。その男がこちらを振り向きびっくり仰天。

「ハロー、マイフレンド」

なんと……。そこにいたのはビンセント・フギル知事ではないか。ふんどしをまとって上半身裸、すっかり正装の離島スタイルだ。魂号に乗り遅れた知事は、時間を挽回するためにプロペラ機をチャーターしてこの島の飛行場に先回りしていたのだ。

フギルは何事もなかったように涼しげな表情で握手を求める。

「ワタナベ、元気か。取材はどうだ？」

こちらの苦難も知らずに、と一瞬思ったが、これでやっと主役が旅に加わった、というわけだ。よしとしよう。

旅はまだ序の口である。これから先、行く手には我々の到着を待つ島々はまだまだたくさんある。よーし、行くぞ。表敬訪問開始だ。ようやく仕事モードである。しかし、このあとも我々の前にさらなる困難が立ちはだかっていることを誰ひとり、知らない……。

ワタナベのうた

五月末、ヤップ州知事を始めとする我々離島訪問団は、ヤップ島からおよそ九百キロ離れた最も遠い離島サタワル島に向かっていた。

サタワルは、太平洋におよそ二千キロにわたり横に広がるカロリン諸島の、ちょうど真ん中に位置する、周囲が六キロの山も丘もない平べったい島だ。

人口はおよそ五百人。畑を耕し、近くの海で魚を捕る……。典型的な自給自足の離島の暮らしだ。だけど、島には一艘もモーターボートがない。ではどうやって漁をするのか？　泳ぐのか？　ノーです。カヌーを使うのだ。

プライドの高いサタワルのひとたちは先祖から引き継いできた伝統漁法にこだわり続けており、帆を張っただけの手作りカヌーを駆使して漁をしていた。

白く輝く浜辺に近付くと、歌声が聞こえてきた。女性達が一列になっている姿に目を奪われる。さらに近寄ると、女たちはみんな大きな胸を惜しむこともなく揺らして熱狂したように踊りまくっていることがわかる。どうやらヤップ州知事を始めとする政府要人を迎える儀式のようだ。

上陸すると、女性たちはワッと近寄り、先頭を行く知事を取り囲み、首に花飾りをかけた。二十人あまりの半裸の女性たちに囲まれ、知事もまんざらでもなさそうで、一緒に踊り始めてしまった。ほとんど夜の社交場状態だ。

「我が尊敬すべきビンセントさん、よく来たわねえ、嬉しいわ、って歌っているんだ」

僕の隣にいるハスマイが教えてくれる。次に囲まれたのはロバート・ルエッチョ州議会議長。「ロバートさん、ゆっくりしていって下さい」。議長の鼻の下はすっかり延びきっている。ホッホッホと甲高く笑い、目はトロ〜ン。その次は「ミクロネシアの魂」号の船長。「船長さん、お疲れさま……」。儀礼的でありながら刺激にとんだ踊りが続いた。男たちは興奮のルツボの中にいた。

ボーッと女性たちを眺めていたら、驚くべき事態が発生。なんと何人目かに囲まれてしまったのは僕だった。スイカのような裸の胸が目の前にせまってくる……。

「トピトワタナベ、ウベウベ……」

女性たちは踊りながら抑揚のない、念仏のような歌を歌ってゲラゲラと笑っている。何か呪いでもかけられたのか。慌《あわ》ててハスマイの目を見る。

「ワタナベ、最高の歓迎を受けているぞ」

ハスマイはニヤッとして大声で答えた。うわー、正面からも背後からもおっぱいが迫ってくる。女性たちの肌に塗り込められたヤシ油とターメリックの匂いが鼻に飛び込む。完全に動揺。不測の事態に、僕は不覚にもうつむいてしまった。それがまたおかしいのか、歌は何度もリピートされ、女達はぐるぐると僕を囲み踊りまくるのだった。

よくきたねえワタナベ、わたしたちの胸に飛び込んでおいで。わたしたちのふくよかな胸であんたを抱きしめてあげるから。後で知ったのだが、歌詞はそういう意味だった。

島の女たちはすっかりその歌を気に入ってしまったようで、知事を歓迎する儀式が終わったあともあちこちで歌っていた。若い娘たちは僕の顔を遠くからでも認めると指を差しクスクスと笑い、歌う。一方おばさんたちはというと、近付いてきて手を叩いてその歌をはやし立てる。

翌日になるとさらにエスカレート。村の娘たちは僕を見ると剥《む》き出しになった重そうな胸を持ち上げながら挑発する。

「ワタナベ、あたしのふくよかな胸に飛び込んでおいで……」

確かにふくよかな胸のオンパレードだ。ふくよかすぎるくらいではあるが……。とはいえ上半身に何も纏《まと》っていない年頃の娘たちが挑発するのですよ。からかっているだけとはわかりながら、もう、自制心を保つので精一杯だ。

タコのようにのぼせた僕はこの島がすっかり気に入っていた。

「よんじゅうよん」さん

サタワルの村の中を歩いているとひとりの老人が弱々しい足取りで僕に近付いてきた。

「ところでお尋ねしますが」

日本語でそう言うとゴホゴホと咳き込む。そして度肝を抜くような言葉を発した。

「あのー、センソウは終わりましたか」

僕は耳を疑い、声を失った。センソウ、戦争？　センソウという漢字を懸命になって思い出してみる。何か違う意味があっただろうか。船倉？　おじいさんは船に何か大切なものを乗せたのだろうか。もう一度、老人に問い直すと、はっきりと答えた。

「アメリカの戦争は終わりましたか」

アメリカの戦争……。湾岸戦争か？　イランイラク戦争か？　それともベトナム戦争か。あるいは東西の冷戦構造そのもののことか。しかしよくよく彼の言うことを聞くと、戦争とはどうやら太平洋戦争のようだった。

太平洋戦争中、この島にも日本軍が駐留していた。大きな戦いはなかったというが、老人は終戦をはっきりと自覚することなく、戦後五十年以上を過ごしてきたようだ。そのくらいサタワルは他からの情報が閉ざされた島なのかもしれない。

「アメリカの戦争は終わりましたよ」

僕は老人に答えた。老人はあまり納得した様子ではないが、うなずきながらそこにある椅子に腰掛けた。やっとのことで体を動かしているのを見ると、老人が相当な年齢であることがうかがえる。

「彼はもう百歳をこえている。この島で一番の長老だよ」

ハスマイが教えてくれた。

ということは、日本がこの島を統治する前から老人は生きていたことになる。僕は念のため、老人にドイツ語をしゃべることができるか聞いてみた。サタワルは日本が統治する前はミクロネシアの他の島同様、ドイツが支配していたので、その時期に育ったひとは日本語以外にドイツ語もしゃべることができるはずだ。

グーテンターク。ブンダバー。僕でもわかるドイツ語を言った後、かなり込み入ったことをドイツ語（と思われる）で老人は話し続けたのだった。

僕は遅ればせながら老人に名前を聞いた。

「よんじゅうよん」

ハスマイが僕に耳打ちをする。

「彼は日本時代にフォーティーフォーって呼ばれていたようだ」

フォーティーフォー、よんじゅうよん、つまり四十四か。日本人が島民を認識するため、名前でなく番号をつけて呼んだのかもしれない。そうだったら、あまりにも悲しすぎる名前である。このとき、戦後五十年をさらに一年まわっていた。四十四さんは横田さん、小野田さんとも比べものにならないほど永きにわたって終戦を自覚せずにいたのである。

あれから十年の月日がたった。四十四さんはもう、この世にいないだろう。でも、もし彼が元気なら、会って同じ質問に答えたい。今度は僕の答えはもちろん違っている。

「日本との戦いは終わったけど、アメリカの戦争は終わっていませんでした、残念ながら。アフガニスタン、イラク……。次はどこになるのやら……。今日も誰かがどこかで血を流しています……」

離島にて。「ヤシ酒、飲みねェ」

あっけない幕切れ

島の女性たちがワタナベの歌と踊りを披露してから、サタワルのひとたちはワタナベという単語を気に入ったらしい。チャンバラごっこをやっている子どもたちは相手を棒で打つときの掛け声に「ワタナベーッ」と言っている。つまり剣道の「メーン」の代わりに僕が先祖代々受け継いできた由緒ある姓が使われているのだ。ご先祖の皆様、ワタナベ家の名は日本から遠く離れた小島で立派に使われていますよ。その一方、女性たちは相変わらずあっちこっちで「ワタナベよ、こっちにおいで、私の胸で抱きしめてあげる」と口ずさむように歌っている。

さらに……知事の訪問とあって大量の豚が浜辺につれてこられていたのだが、子どもたちは棒をつかむと豚に向かって「ワタナベ」と言って豚をたたいて虐《いじ》めるのだった。いったいどういうことなのだろう。僕は豚か？

ハスマイがやってきた。

「バスに行こう」

バス？　サタワルに車などないはずだが……すみません、聞き違えでした。バスはバスでも風呂の意味だった。それにしてもありがたい。これまでの旅程で困っていたのが入浴である。ヤップのひとたちは風呂に入る習慣などないため「ミクロネシアの魂」号には風呂がなかったのだ。小さなシャワーが一個だけあるにはあったのだが、それを三百にものぼるひとが使うため、なかなか順番が回ってこない。結局、たまに襲ってくるスコールの時に、甲板の屋根のない場所に出て、裸になって雨を浴びるしかなかった。

ハスマイと副知事のマチアス、そして数人の男たちとともに、ジャングルをかきわけ、どんどんと島の中央部に向かっていくと、突如視界がひらけ、そこに大きな泉が出現した。それがバスだった。

サタワルの男たちと一緒に天然のプールでたまった汚れを洗い落とした。さすがに二週間以上風呂に入っていなかったので、垢がバカみたいにでてくる。体がひと回り小さくなったと思えるくらいだ。これでスッキリ爽快、これからの離島の旅にのぞめる。

夜になり、ヤシ酒が運ばれてきて、ヤップ州の離島訪問団の面々はすっかりリラックスしていた。こんな体験を共有できる僕は幸せ者に違いない。

しかし、とろけるようにサタワルの夜を楽しんでいた我々に、すっかり酔いをさまさせるショッキングな知らせが届いた。「ミクロネシアの魂」号の発動機に障害が発生し、アンカーが使えなくなったという。このままほうっておくとメインのエンジンもやがて動かなくなるそうな。非常事態発生である。

果たして帰ることができるのか。このまま、この地で生涯暮らすことになるのかも。女性たちも優しいし、いっそこの地に骨を埋めるか。しかし幸か不幸か船はどうにか動くのだという。とはいえ一刻も早くヤップに帰らないと、いつエンジンが止まるかわからない状態にさらされていた。まだ、訪問するはずの島々は残されていたのだが、知事の表敬訪問の旅はあっけない幕切れを迎えたのだった。

海岸に長老「よんじゅうよん」さんも来てくれていた。僕に近付くと手を握りしめ、じっと目を見つめる。

「かわいそうな、かわいそうな」

あえぐように吐き出された唐突な日本語に、一瞬ふきだしそうになったが、老人のうるんだ目を見るうちに、本当に悲しい気持ちになってきてしまった。

ひきちぎられるような空しさが全身を覆《おお》っていた。サタワルのみんなとあわただしく別れの言葉をかわす。再会を約束したが、こんなチャンスは滅多にないに違いなく、ふたたびこの地にもどってこれるとは思えなかった。サタワルは少しずつ小さくなりやがて大海原にのみこまれていった。

「ツモロー」

ヤップに戻って二週間、突然、僕のオフィスに電話がかかってきた。

ハイハイ、誰ですか。

イッツ・ミー。イッツ・ミー。俺だよ俺。オレオレしか言わない。オレオレ詐欺《さぎ》か。

オレ、っていったいどなたさんですか。

「ワタナベ、俺がわからないのか。フギルだよ」

ヤップ州知事だった。

「ミクロネシアの魂がなおったぞ」

おお、それは何と素晴らしい。思いがけないほどの迅速なリカバリーだ。

「だから、行くぞ」

え、ひょっとして……。

「サタワルだよ。決まっているだろ。それにこのあいだ行けなかった他の島もな」

それは素晴らしい。ぜひぜひ僕もご一緒します。

半分というか、ほとんどあきらめていた離島ツアーの続編。瞬時にかの島々の映像が浮かび上がり、期待がたかまる。

それでいつ出発するのですか？

すると知事ははっきりとこちらに聞こえるようにスローな口調で驚くべき事実を言い放った。

「ツモロー」

なんとまた突然な。よりによって明日だというのだ。いくらなんでもダメだろうなと思いながら、局長ガルに相談すると……。

「まあ、いいだろう」

やったー。心の中に快哉《かいさい》の声が湧き起こる。

「ただし……」

ただし？

「今回はお前ひとりで行ってこい」

苦しい放送局の台所事情である。一ヶ月あまりの離島巡りがボディーブローとなり、ハスマイは仕事をためこんでいて、その処理に忙殺されていた。ロックンローラー・ギルマタムはバンドの練習があるから離島に行くのは嫌だという。ニウスも作り続けないといけないし、結局、僕がひとりで行くことになった。荷は重いが仕方がない。

それでも前回より、ひとつ大きく進歩したことがある。キャビン、つまり船室をあてがわれたのだ。カプセルホテルを薄暗くした、まるで倉庫のようなものだったが、無いよりはマシだった。甲板で嘔吐物や赤ん坊の糞尿、そして腐った食べ物の匂いに悩む必要がないのはおおきい。

まず目指したのはサタワルだ。直行したので今度は三日目には島が海上にあらわれた。

サタワルが日本で一躍有名になったのは、三十年前にひらかれた沖縄海洋博覧会の時だ。この島からなんと、男たちは帆をつけただけのカヌー一艘で三千キロ離れた沖縄まで航海したのである。右も左も道標《みちしるべ》がない、ひたすら海だというのに、カヌーにはGPS（全地球測位システム）のようなものはとりつけられていなかった。それどころか方位磁針すら持たずに、昼間は太陽、夜は星座、そして風や波のうねりや生き物たちの動きなど、身の回りの自然現象を利用して、自分たちの進む方向を見極めたという。すごい。まさにサタワルの男たちは航海のプロ中のプロなのだ。十数年前には福岡にもやってきている。今でもサタワルには発動機付きのボートは一艘もなく全員が伝統的なカヌーで漁をする。隣の島に行くのもカヌーだそうだ。ちなみにこの春（二〇〇七年）、日本にも寄港したばかりの有名なハワイの帆船「ホクレア号」のナビゲーション技法もサタワルから学んだものである。太平洋随一の航海者といわれるサタワル出身のマウ・ピアイルグが伝授した知識を基盤に、ハワイの男たちは古《いにしえ》と同様の方法で数千キロの航海を続けている。

さてさて「ミクロネシアの魂」号は、こわいくらい順調に動き、我々は無事サタワルに到着。ひとしきり歓迎行事が終わると、男たちは夜の宴席に備えて、漁に行くという。ビーチ沿いにあるカヌーハウスの中にある船外浮材付きのアウトリガーカヌーを、男たちは数人がかりで海に運び、帆を張った。

「ワタナベも連れて行ってやるか」

作業をぼんやりと見ていると、若者のリーダー格の男がまわりの漁師たちに言う。それまでヤップで何度も釣りには行ってはいたが、カヌーでの漁はむろん未体験である。どんな具合に船は目的地に進んでいくのか。男たちはどのように魚を釣り上げていくのか。自分の腕にこれっぽっちも自信はなかったが、伝統の漁法を、この目でしっかりと見たいという気持ちがたかまっていく。

屈強な島の男たちは僕を値踏みするように見つめる。中にはニヤニヤ笑いのものもいる。お前なんか無理さ、といわれているような気がして、急に腰が引けた。聞けば数十キロ沖合の漁場まで行くのだという。正直、こんな帆をつけただけのカヌーでそんな遠くまで行けるのか不安でもある。しかしまたとない絶好のチャンスであることは間違いない。

よーし、行くぞ。俺も男ぞ。周りの男たちを真剣な目つきで睨み返してみる。

結局、カヌーの定員にひとり欠けることがわかり、僕も同行できることになった。その代わり遊んでいるのではなく、ちゃんと漁師として働けと釘を刺された。これっぽっちも根拠はなかったが、僕は強くうなずいた。もう後には引けない。サタワルの海の男たちに混じって日本のひ弱な僕がひとり。風をうけてカヌーはどんどんと進む。

遠いなあ。なかなか目的地につかない。太陽はジリジリと照りつける。波のうねりをまともに受けていたため、かなりの振動である。振り落とされないよう懸命にカヌーのへりにしがみつく。

いったいどうなってしまうのだろう。僕の運命は、まさに、お天道様のみぞ知る、だった。

サタワルの秘術と海の男たち

サタワル島の周辺海域には魚の宝庫であるラグーン（礁湖《しょうこ》）がない。だからひとびとは漁をするときは遠く離れたところにあるラグーンに出向く。屈強なサタワルの漁師たちと僕を乗せたアウトリガーカヌーはその漁場を目指し進んで行く。それにしても船上の男たちの会話はサタワル語なので、何がおきているのかがさっぱりわからない。先ほどまでちょっとあった気丈さは消えうせ、僕の中に不安だけが広がっていた。

空は晴れ渡っているが、波は高く正直とても怖い。振り落とされたら最後、モーターのないカヌーは簡単に引き返してはくれないだろう。時速は六十キロ近くになっていたと思われる。乗組員は全員ふんどし一丁。みんなで陽気にサタワルの舟歌を口ずさみ始めたが、僕はふんどしが風に飛ばされないか気になって仕方がない。

小一時間ほどたった頃、突如カモメのような白い鳥が前方で弧を描いて舞うのが見えた。男たちはいっせいにてぐすを垂らす。僕らはいつの間にか漁場に到着していたのである。

漁に竿など使わない。針と糸、あとは体力あるのみ。男たちのてぐすに引きがあった。銀色の魚が舞い上がる。カツオだ。一匹釣れたと思うとあとは凄い勢いで掛かり始めた。まるで土佐の一本釣りのように一列になった男たちが次々と釣りあげる。カツオたちは、自らの身をはげしく船底に打ちつけ、苦境から逃れようと必死だ。すぐに甲板はカツオの鮮血で真っ赤に染まった。男たちが自然と格闘し織りなす大スペクタクルにすっかり見とれていたら、ワタナベ、とにらまれ針と糸を渡される。そうだった。僕は一応、戦力にカウントされていたのだ。すごいプレッシャーだが、仲間として認められたみたいでちょっとうれしい。頑張ります、ウッす。

しかし悪戦苦闘すること一時間、僕の収穫はななんと、というか予想通りゼロ。情けないが仕方なし。船から落とされなかっただけでも良しとしないといけない。しかし、みんなの収穫を合わせるとかなりのカツオが捕れていた。近くに陣取っているマッチョな男たちはサタワル語でしきりに話しかけ背中を叩く。お前、海の男にはまだなれていないな。そんな風に言われている気がした。

水平線に傾く太陽に照らされ、あたり一面は銀色に輝いていた。船長から合図が出され、漁は終了。男たちはテキパキとなれた手つきでカヌーの帆をほどき、張り替え直し、進路を変える。僕はただひたすら傍観しているだけだ。魚も釣れなかったし手伝いもできない。ゴメンナサイ。やはり、残念ながら、まったく役に立たなかった。そんなこちらの内心など知らないであろう男たちは陽気にスマイルをおくってくれる。

サタワルに向けて一路発進。往路より早いスピードだが、僕もさすがに慣れてきたので、もうふり落とされる心配はない。周囲の海を見渡すと、さっきまで銀色だった海は夕日にそまりオレンジ色に変わっている。不思議な充足感が体を覆《おお》っていた。

航海中サタワルの男たちは一度も方位磁針や計器を見ることはなかった。というかそんなものはもともと乗せていない。すべて体の中に記憶されているのだろう。

そんな自然の知恵はカヌー作りにも生かされていた。沖縄のハリー競争の船にも似たサタワルのカヌーは「神の木」から作られる。「神の木」とはサタワルに多く自生するパンノキのことだ。実が食糧として貴重なのと同時に幹がカヌーの材料になるため、この木には神様が宿っていると信じられている。船体の板に適したパンノキが見つかると、何よりもまず、男たちは深い祈りを捧げるという。

カヌーに釘はまったく使わない。板と板とはヤシの繊維から作った特製のロープで固く結びつける。何から何まで島にある素材で作りあげてしまうのだ。サタワルの男にとって、何よりも大事な財産は、凄まじいまでの正確さをもって引き継がれている知恵そのものなのだ。

ポツネンと点のように見えていた島が輪郭を抱き、やがてはっきりと眼前に迫ってきた。海岸線では女たちが出迎えの踊りを舞っている。海の男たちは、自分たちの男ぶりの見せ所なのだろう、両手をあげて歓声で応える。カツオを片手に大声をあげているひともいる。洋上と海岸線が一体となり、あたりに活気が満ちていた。

捕れた魚は島の人々にうまく行き渡るように分配される。不漁の時は子どもと病人だけに、もう少し捕れると成人した女性に与えられる。野郎どもに渡るのは最後の最後だ。

この日は島をあげての大パーティーだった。カツオをつまみにヤシ酒が振る舞われる。老いも若きも一緒になって盛りあがった。

「あれがヨルヨルという星です。あの星がサタワルの航海士には重要なんですよ」

夜もだいぶ更けた頃、僕の隣に座っていた島の首長が、星の一つを指さした。基本的な星の名前は知っているつもりだったが、サタワルではあまりにも星の数が多すぎて星座が識別できず、ヨルヨルが日本でいう何星かがわからない。情けなし。本来サタワルの航海術は秘儀的な知識で、だれにでも簡単に教えるわけにはいかないという。もともと高名な航海士だった首長もそれ以上を僕に語ろうとはしない。

あしかけ三年にわたってサタワルに滞在、調査をした神戸大学教授の須藤健一さんによると、サタワルの男たちは息子たちを五、六歳のころからカヌーに乗せて遠洋航海に連れて行くそうである。子どもたちが十歳を過ぎると、レッスンは昼夜を問わず行われる。昼はカヌー小屋で島の方位や洋上でのカヌーの位置の割りだしなどの知識を叩きこまれ、夜になると浜辺で星座の見方を伝授される。こうして二十歳になるまでには相当な知識を身につけるという。

それだけで航海術は伝授されたわけではない。二十歳を過ぎると、先生は親から長老にバトンタッチされる。長老が試験官となり航海術の習得儀礼が行われるのだ。カヌー小屋に個人的伝授を終えた若者が集められ、試験官たちと寝食をともにし、不眠不休で、航海術の全ての知識をチェックされる。この儀礼は長いと三ヶ月ほどかかるという。

で、これで終わったわけでない。まだまだあるんです、試練の道は。実技の試験が待ちかまえているのだ。若者は自ら船長となって近隣の島に航海する。無事に戻って来られてようやく免許皆伝。そして「本物の航海士」になるには、さらに二十年ほどの海での実績が問われる。一人前の航海士になるのはまさに命がけなのだ。

親から子へ、長老から若者へ。情報がバーチャルになり、対面して伝達することが少ない今日、サタワルではこんな生身の知識が伝承されている……。生きていくための知識とはこういうことをいうんだなあ、と心底思った。

僕は次の世代にどんな知識を伝えることができるのだろうか。自分がそれまで身につけていた知識が、急に表面的で薄っぺらなものに思えてしまった。「野生の思考」を纏《まと》った男たちは近付きがたいほどのまばゆい光を放ちながら、南の海に生きている。

「ミクロネシアの魂」号上の子どもたち

島の歴史を物語る顔立ち

サタワルを離れた我らヤップ州政府離島訪問団はさらに航海を続け、ついにはヤップ州の隣、チューク州（太平洋戦争時のトラック群島）の島々にも足を踏み入れた！

ヤップ州の知事の来訪とあって、島々ではこれ以上ない歓待モード。となれば当然、朝から豪勢な宴会が開かれるのである。まばゆい朝日のなか、ヤシ酒で酩酊《めいてい》しつつも僕はひとつのことに気付く。チュークの離島には彫りの深い西洋風な顔立ちが多いのだ。島のひとに聞くところによると、彼らは西洋人との混血だった。ヤップでは離島を含め、混血のひとをほとんど見かけることがなかっただけに驚きだった。

どうやら島の歴史とひとびとの顔立ちには切り離せないつながりがあるようだ。今をさかのぼること五百年前の十六世紀から十七世紀にかけて、スペイン人が西太平洋のミクロネシアの島々を「発見」し、なんともまあ身勝手な話だが領土権を宣言。米西戦争でスペインが敗北すると、続いて一八九九年ドイツが地域の支配国になる。さらに第一次世界大戦中（一九一四年）からの三十一年におよぶ日本の統治時代を経て、戦後はアメリカがミクロネシアの島々を実質的に支配するに至る。まさに「歴史に翻弄《ほんろう》された島々」だ。

島に上陸した異国の男たちは島を領土化するにとどまらず、女性たちにもその触手を伸ばした。明らかに西洋人の血が混じっている島のひとたちの顔を見ていると、この地にかつて存在したであろう異国のひとびとの気配をひしひしと感じる。我がヤップだけはなぜだか、列強国の男たちの「餌《え》食《じき》」にならなかったようだ。みんなちょっとイカツイ顔だからか、などと勝手な想像をするのだが、理由は定かではない。

しかし一方で、外部の「種」が時として必要になることもある。僕の先輩ディレクターがミクロネシアのある島を取材のため訪問した際、首長に「どうしてもうちの娘と一夜を共にしてほしい」と頼まれたそうだ。彼は誘惑と闘いながらも断ったのだが、人数の少ない島にとって家族や集団の維持は切実な問題である。相手が日本人であろうと何人であろうと、閉ざされた島では外からの血は大切なのだ。

そういえばチュークで一大勢力をほこる実業家に「モリファミリー」がいる。彼らの顔を見ると日本の血筋を感じさせる。そのルーツは古く、スペインの統治時代（一八九〇年代）にさかのぼる。そのころ、森小弁《こべん》さんという人がチュークへ進出して貿易商を始め、現地の首長の娘と結婚し、そのまま島に永住した。「ファミリー」はその子孫で、現在千人を越えているという。

「あなたの子どもも南の島のどこかにいるのかもしれないわね」

この原稿を横目に妻がつぶやく。いいえ滅相もない、「ワタナベファミリー」などミクロネシアには存在しませんよ。僕は慌《あわ》てて弁明する……。

幸福な人

いつまでも現在が続き……苦悩の願望や恐怖のいかなる感情もなく、ただ私達が現存するという感情だけで魂の全体を満たすことができる、こういう状態があるとするなら、そこにある人は幸福な人と呼ぶことができよう。

（ジャン・ジャック・ルソー『孤独の散歩者の夢想』今野一雄訳　岩波文庫）

チューク諸島の小島プンラップ島に立ち寄ったときのことである。ボートが浜辺に横付けされると、待ちかまえていたように痩身《そうしん》の老人が僕をめがけて近よってきた。

「セレス・ロコペと申します」

柔和な表情の老人は流暢《りゅうちょう》な日本語で話すと、僕の持っていた大学ノートに何かを書き付けた。かすれ字で読みづらかったが、よくよく見るとカタカナに漢字が混じった日本文である。ナンヨウグントウ・トラック島ポンナップ島セレスサマ……。それは住所だった。

「内地に帰ったら手紙ください」

セレスさんは日本語をプンラップ島にあった公学校で習ったのだそうだ。チュークの主要な島々から数百キロも離れた小島にも日本語を教える公学校があったことが驚異である。

丁寧な日本語を操《あやつ》るふんどし姿の老人を目の前にしているうちに、いったい僕はどの時代のどの場所にいるのか、一瞬見失い、不思議な時空間に立たされた。こんな遙かかなたの島にもかつての日本は支配の手をしっかりとのばしていたのである。

「あとで家に遊びに来て下さい。海の近くのとっても良いところですよ」


公式行事を撮影し終えた僕はセレスさんの家に行ってみることにする。驚くことに家は海の近くというより、海の中に建てられていた。椰子《やし》の木の柱が四本、海中に突きささっていて、それにベニア板を組み合わせただけの簡素な家である。台風が来たら確実に吹き飛ばされてしまうだろう。大丈夫なのだろうか。にこやかな笑みをたたえたセレスさんの後をついていきながら、僕はいらぬ心配をしていた。

「なに、壊れたら、また新しく建て直したらいいんです」

僕の内心を見抜いたようにセレスさんは言うのだった。むむ、さてはセレスさんはエスパーか？

何気なく家の中に入ったのだが、眼前の光景に思わず息をのむ。そこは雑誌などで見るどんな極上リゾートにもまさる美しい世界だった！　開け放たれた窓からは見渡す限りのコバルトブルーの海が広がっている。セレスさんの家は完全に太平洋と一体化していた。あたりには静寂がただよっていて、波の砕ける音だけが耳に飛び込んでくる。深く息を吸い込むと甘く生ぬるい潮風を感じる。クチナシの匂いに似たプルメリアの花の香りが鼻腔をくすぐる。

テレビやラジオはおろか、電気製品すらない一人暮らし。腹が減ったら近くで魚を捕り、裏の畑のタロ芋を掘ればいい。のどが渇いたら浜辺にいくらでもある椰子の実を採ってくればいい。セレスさんはこの島以上の暮らしを望んだことは今まで一度もないという。「足るを知る」という言葉は、まさにセレスさんの生き方そのものに思えて仕方がない。

何を話すわけでもなく床の上に敷かれたゴザの上で、ふたり向かい合っていただけなのだが、退屈するどころか、いつまでもこうしてこの場にいたいという安堵感に満たされる。

陽が少し傾きかけると、椰子の実を採ってきますと言い残し、セレスさんは出かけていった。僕は持ってきていたジャン・ジャック・ルソーの本を読み始める。ルソーの自然観に裏打ちされた理想の人間像が描かれており、胸に染みた。

まさに、余計なものが一切存在しない生活。自然と人間をへだてるものをこの場所で見いだすことができない。人間もまさに自然の一部だった。雑念に遮《さえぎ》られることなどなく、己の魂が自然と一体となっていく。セレスさんこそ、ルソーのいう幸福な人に思えてならなかった。

子どもたちの笑い声で我に返る。僕はいつの間にかうたた寝をしていたようだ。謎の黄色人種に興味を持った二十人あまりの子どもたちが集まってきていた。肌に何も纏《まと》っていない童《わらべ》たちと追いかけっこやボール遊びなどをして過ごしているうちに、何か言い難い感情が湧きおこってきた。それは自分が生きているという実感のようなものだった。僕もセレスさんのおすそ分けを頂いて「幸福な人」になったような気分だった。

離島の旅の終焉

旅も終わりに近付いて、つくづく痛感するようになったこと、それはヤップの差別意識だ。離島の島々は歴史的にヤップ本島のガギール地区と従属関係にある。古来、島々はいろいろな貢《みつ》ぎ物をガギールの大首長にとどけ友好関係を維持してきたという。

さらにややこしいのは、離島の中でも上下関係があることだ。それは距離と比例しており、ヤップ島から遠ざかるに従って身分が低くなる。だからヤップから一番近いユリシー環礁はヤップ島の次の政治的地位にあり、離島の中では最も高い。それに対してサタワル島は最も東に離れているためはるかに低い政治的地位にある。

政治システムでも如実に差別はあり、知事はヤップ人、副知事は離島人と決められている。州議会の議長もヤップ人、副議長は離島人。決して離島人が知事や議長になることはない。だから離島で立身出世の夢を持つ人はヤップ本島を素通りし、アメリカに向かう。残念なことだが、身分差別のために優秀な人材がどんどん外に流れていってしまうのだ。ちなみに、国政にこのルールは当てはまらないようだ。実際、離島から選出されているミクロネシア連邦大統領は二人もいる。

ファッションも明らかに異なり、ふんどしそのものの色が違う。ヤップでは正装のふんどしは赤白青の三色をあしらったものを使うため、カラフルで見栄えがする。しかし離島人のものは赤白青のうちの一色と決められており、とても地味である。ふんどしひとつで出身がわかる仕組みなのだ。

ヤップでは正式な行事以外でははかなくなっているが、離島では原則的に男はふんどしの着用が義務づけられている。フギル知事もルエッチョ議長も旅行中は離島の文化に敬意を払い、常にふんどしをしめていた。僕も慣れないながらもふんどし一丁で通した。

しかし疑問だったのは知事の取り巻き連中の態度である。今回のツアーには知事の甥っ子など二十代の取り巻きが三人ほどついてきており、知事の近くをうろうろして、酒やごちそうのおこぼれに預かっていた。強いていえば、「ボディーガード」のようなものなのだろう。彼らは一度たりとてふんどしを着用することはなく、一貫してラフな格好で通した。島々の長老たちも知事の側近とあって、その無礼をたしなめることはなかったが、僕は離島のひとたちを見下した尊大な態度に憤りを感じざるを得なかった。彼らは公式行事にも参加せず、ひたすら女の子の尻ばかり追い回していた。どうやって離島の純情な女の子をだましてモノにするか、コソコソと話し合っている現場と何度も出くわし、嫌な気分にさせられた。どこの場所にも、虎の威を借る狐のように、権力を笠に着るひとたちはいるのだなあ。

そんなことを考えていたら一ヶ月ぶりにヤップ島が見えてきた。乗客たちはみんなザワめき始めている。僕は海風にふかれながら、離島巡りの旅で出会ったひとびとの顔を思い浮かべる。みんなエネルギッシュで愉快に生きていた。ボーボー。汽笛がヤップ到着を知らせる。ふたたびエキサイティングで何が起こるかわからない暮らしが始まる。よーし。

ヤップダンサーズ

chapter5＊我が愛のファンキー放送局

不安、そしてホッ

職場に行くのが正直、怖かった。それでも行かねばならぬ、それが私の生きる道。僕は放送局に向かいトボトボと歩く。

離島巡りの取材であまりに長期にわたって職場をあけてしまっていた。番組はどうなっているだろう。急勾配の坂を上っているせいか、それともこれから直面しないといけない現実へのおののきからか、心臓がバクバクと高鳴っている。一緒に歩いてきた忠犬おかあさんが心配そうにこちらを見上げる。僕は内心に渦巻く動揺と裏腹に、おかあさんに向かって笑ってみせる。笑顔が微妙に引きつっているのが、自分でもわかる。

未舗装の坂がやけに長く感じられ、だんだんと恐怖心と妄想がつのってくる。番組は出ていないのではないか。それどころか放送局そのものがなくなっているのではないか。でも坂の頂上付近にさしかかるとアンテナが見えはじめ、最後のカーブをまがると放送局の建物はしっかりとそこにあった。そう簡単になくなるわけはないか。

でも安心するのはまだはやい。問題は「ニウス」である。僕がいないのを良いことに、酒びたりになっているスタッフの姿が目にうかび、げっそりする。久しぶりに対面した放送局の建物は無表情に僕を拒絶しているとしか思えず、番組は出ていないとの疑いはいよいよ強まっていく。僕は最悪の結果を想定しながら、おそるおそる放送局のドアをあけた。

朝十時、さも当然のようにもぬけの殻である。番組を送出する部屋は、誰かの読みかけの二年前のアメリカの雑誌が無造作に置かれ、ビデオが流しっぱなしになっている。ラタンおばさんもルブワッグもいない。ラジオはというと、無人のＤＪブースの中でＣＤが孤独に回っている。

否応なしに高まる不安、高まる鼓動《ハートビート》、高まる緊張感……。はたして、オフィスに入ると僕の机は乱雑に散らかっており、干からびた使用済みビンロウジが放置されている。改めて部屋を見わたす。全体的にしばらく使われていなかった様子で、埃《ほこり》っぽい。黒板に書かれた取材予定表を見て愕《がく》然《ぜん》。乱雑なアルファベットの文字は見覚えのある字……なんと僕の書いたものではないか。ということは……取材予定は僕が離島に旅立つ前のままだったのだ。

これはまずい。たちあげて十ヶ月あまり。せっかくみんなで協力して始まった「ヤップニウス」。でももはや作られていないに違いない。懐疑は確信に変わっていた。本来カギの掛かる編集室に置いておくべき取材用機材が部屋のすみに放置され、埃にまみれている。僕はすっかり放心状態になり、自席のイスに座り込む。離島巡りの旅で充実した取材を体験したが、あまりにも職場を離れすぎだった。

ただでさえそんなに仕事が好きとはいえないひとたちだ。どんなささいな理由もうまく利用して休もうと必死である。上司も部下たちも先を争ってサボろうとしており、「サボりのスパイラル構造」ができあがっていた。一緒にニュース番組を作る僕がいない、というのはこれ以上ないサボりの理由になるだろう。スタッフに番組ができなかったことのいいわけをいろいろと聞かされるのかと思うと全身から力がぬけた。ぼんやりとしているうちに、職場のみんなは僕のことを忘れたのではないかという気にさえなってきた。誰も話しかけてこないし、横を通っても素通りする。そんな透明人間に自分がなってしまったことを想像するといいようのない孤独感がつのってきた。

ふと耳を澄ますと酔っぱらった歌い声がかすかに聞こえる。放送局の横の空き地でDJリトンが缶ビールを飲んでいた。よく見るとそこら中にころがっているバドワイザーの空き缶を集め、少しでも残っているビールを寄せ集め飲んでいる。ゲゲゲッ。シケモク、というのは聞いたことがあるが「シケビール」である。何と汚い。

リトンはサボりすぎたため給料を大幅に引かれてしまい、もはやビールを買う金がないという。ツケもたまりすぎ、なじみの店ではもう相手にしてくれないとのこと。お願いだワタナベ、と懇願するリトンに根負けしてしまい、ビールを近くの店で入手、朝っぱらだが乾杯とあいなった。

ひたすら猥談《わいだん》に花を咲かせるリトンだったが、ふと黙った瞬間をねらって問うてみた。で、「ニウス」は？　酔って焦点の合わない眼差しでじっとこちらを見るリトン。僕の不安は臨界点を越えた。やはり……。脂汗が額に湧き出てきた。しかし彼の口から出てきたのは意外なセリフだった。

「問題ない。毎週バッチリ流れているよ」

ホッ。じわっと安堵。そして急速に脱力。僕の不在中もみんなで番組は作っていたのだそうだ。エイドリアーン！　なぜか頭の中に鳴り響き始めたのはロッキーの勝利のテーマ曲だった。

職場にボチボチと人が集まり始めていた。ウィリーが握手してくる。

「お前がいない間も取材をちゃんと続けたぞ」

タムンギクが僕を力一杯ハグしてくる。

「ワタナベ、生きていたか」

そしてウィリーが笑いながら言う。

「もう少し帰ってこなかったら、タムンギクはお前の葬式をしていたところだ」

僕を殺さないでよ、タムンギク。ともあれ僕はまだ透明人間なんかにはなっていなかった。

なんか、良い感じで再びヤップの生活が始められそうだった。

いいのか？　知事さん

離島の旅で二ヶ月弱寝食をともにしたため、僕はヤップ州知事のフギルと仲良くなっていた。ある時、州政府を取材のために訪れると、梅宮辰夫を怖くしたようなフギルが遠くから手招きしているではないか。

「ワタナベ、今日からお前、俺の家の住民になれ」

きょう？　また突然な。

「おれの言うことに逆らうとでも言うのか」

いえいえ、滅相《めっそう》もない。

「じゃあ、行こう」

という素早い展開で、僕は知事の車に乗せられた。コロニアから三十分ほどの田舎にある知事の家は、ヤップでは稀に見る瀟洒《しょうしゃ》な家である。到着したらさっそく地鶏のご飯にありつくことができ、個室もあてがわれ、すっかり自分も偉くなった気分である。

翌朝は、知事の公用車で放送局まで送ってもらった。取材を終えた二時半頃、コロニアの中心部を歩いていたら、再び知事に遭遇。

「お、ワタナベ、今日も家に来いよな、後で迎えに行くから。今夜はバーベキューだからな」

手には買い物袋をぶら下げている。どうやら夕食の食材を探すため、町をうろついていたらしい。まだ勤務時間なのだが……。

放送局に戻り、仕事の続きをしていたら三時過ぎ、けたたましいクラクション。

外に出ると、そこには知事の巨大な4WDの公用車が我がもの顔で止まっているではないか。

「おい、行くぞ」

いや、まだ、仕事中なんです。

「早くしろ」

なんと、フギルはオフィスに入ってきて、僕の席の後ろに直立不動、せかすではないか。

無言のプレッシャー。だいたいからして落ち着かないし、はかどらない。周囲のスタッフも怪訝《けげん》な顔だ。なんか悪いことをしているような錯覚にとらわれる。この週のうちにやっておきたかったことは多かったのだが、仕方ない、その日の仕事は切り上げることにした。

人をせかした割には、フギルは僕を乗せると、ふたたび町に戻り、何をするわけでもなく、あっちこっちの知り合いと立ち話し、ビンロウジを噛み、ぶらぶらし、それから二時間あまりたった夕刻にようやく村に帰った。結局、仕事をやっていても一緒だったわけである。

夕暮れ時、フギルのボートで釣りに行くことになった。まずはリーフの外でトローリング。漁に出たのは僕と知事と親戚の子の三人だったため、僕も漁師の一員として期待されている。しかしトローリングといっても、釣り竿などという高級なものは使わず、てぐす一本だけなので、力と俊敏さが要求される。大いなる不安である。しばらくすると、鳥の集団が遠く水平線の海面すれすれに飛んでいて、ときおり、海中にダイブしているのが見えた。魚の群れがいることの兆候である。鳥の下では入れ食い状態に違いない。

乱舞する鳥の群れの近くに到着すると、さっそく引きが来た。残念ながら非力な僕は、てぐすを引くのだが、すぐに魚の力に負けてしまい、引っ張られてしまう。隣ではフギルの甥っ子が次から次へと銀色に輝く魚を釣り上げている。こちとら焦れば焦るほど、うまくいかない。僕は間抜けなことに、ほとんど小学校の運動会の綱引き状態である。オーエスオーエス。釣れた。やったやった。無邪気に喜ぶ僕をじろりと睨むふたり。すみません……。結局四十匹ほどのスキップジャック（カツオの仲間）が釣れた。

あたりがすっかりと暗くなると、今度はボトムフィッシング（底釣り）の時間だ。リーフに戻り、アンカーを海底に沈め、船を固定する。真っ暗な中、てぐすを海中にたらしていると、なにやら生臭い怪しげな肉片がフギルから回されてきた。

「サシミ！　うまいぞ」

さきほど釣ったばかりのカツオが早くもさばかれていたのだ。そうはいっても綺麗《きれい》にサシミになっているわけではない。骨と皮がついたままの半身の状態なのだ。醤油など、当然の事ながらないので、海水に浸してしゃぶるように食べる。見てくれとは違って、とってもうまい。満天の星、天の川がくっきりと光り、流れ星が幾筋も通っては消える。僕は幻想的な気持ちに包まれていた。ボトムフィッシングはあまり収穫なく、十匹ほどのレッドスナッパーという金眼鯛みたいな魚が釣れただけで終わったが、最高の釣り三昧だった。

夜十時半、村の小さな港に引き上げることに。ここで、オフィスワークばかりで海の知識を忘れてしまっているフギルの弱さが露呈する羽目になった。不安そうにあたりをみわたすフギル船長。暗くなりすぎて、チャンネル（船が通れるくらい深くなっている水路）の位置がわからなくなってしまったのだ。船のエンジンをかけたり、きったりして、あっち行ったりこっち行ったり。海岸はすぐ近くに見えているのだが、なかなか近付くことができない。結局、到着したときには日付が変わってしまっていた。もはやバーベキューどころでない。みんな、部屋にはいるとバタンキューだった。それでも僕は心地良い疲労に包まれていた。

翌朝――。誰かに体をゆすられ、ハッとして目をさます。時計を見やるとまだ七時前である。

「村の共同作業に行くから、お前はそのまま寝ていいぞ」

それなら起こさないでよ……。すっかり眠気がさめてしまった。すでに仕度を整えたフギルは、共同作業の後に別の村の運動会があり、そこでスピーチをするという。僕もそれを取材する予定なので、知事の車にあとで便乗させてもらうことになった。

作業が終わりそうな時間を見計らって、フギルを探し出すと、すっかり知事は怠けモードになっていた。

「運動会は行くの、やめた」

それでいいのか、州知事さん。僕は急遽《きゅうきょ》近くにいた知人の車に乗せてもらい現場に向かった。

ココナッツ割り競争、綱引き……。手作り感あふれる素朴な村の運動会を撮影していると、真っ赤な顔をした男が遠くで手を振っているのが目に入る。目をズームインしてみると……フギルではないか。上半身裸で、おなかをたたきながら、お気に入りの歌をがなりつつ近付いてきた。酒臭い。どうやら共同作業をやっているうちに、盛り上がり朝から宴席になったらしい。スピーチのことを思い出し、来てはみたものの、もはや酩酊《めいてい》状態。これでいいのか、州知事さん。大丈夫か、ヤップ島。

「これが終わったらどこに行くんだ、ワタナベ」

コロニアに用があることを伝えると、フギルはトランシーバーをやおら取り出し、どこかに連絡を取り始めた。ものの十分ほどで、やってきたのは、なんと、パトカー。

「ワタナベ、乗れ」

え、俺何か悪いことしましたっけ。びびっている僕に、フギルはウィンクする。

「これでコロニアまで行けばいいだろう」

うひゃー、何という公私混同。そんなことダメに決まっているでしょうなどと思いながらも断れず、パトカーに乗ってしまいました。

でもそれだけで、留まらなかった。コロニアに立ち寄ったあと、ヤップ高校でテニスをしたのだが……。ゲームの終盤にテニス仲間のパッカルーが僕の耳にささやく。ワタナベ、お前、なんか、悪いことしたのか。彼が指さす方向を見ると……さきほどの警官が再びコートサイドまで来ているではないか。僕にウィンクを送っている。もはやテニスをやっている気分ではない。

そそくさと帰り仕度をして、パトカーに乗り込む僕を不可思議な目で見送るテニス仲間。みんな僕が何かをしたと思っているようだ。本当は違うのですよ。

警官の横で、めくるめく展開をふと反芻《はんすう》してみた。ついに……警察による送り迎え……ひょっとしてボクって、ヤップでＶＩＰになったのでしょうか？　妙な気持ちを抱えた僕を乗せたパトカーは知事の待つ村へと一路、疾走していくのであった。

ヤップ州知事ビンセント・フギル氏と共に

ヤップデー。ウィリーは来ない

ヤップ島では固有の文化を広く内外に知ってもらおうというお祭り「ヤップデー」が毎年三月一日に島唯一の陸上競技場でひらかれていた。郷土食のブースが出たり、郷土芸能が披露される賑やかなお祭りだが、その核となるイベントはヤップ各地の集落の男たちが繰り広げるダンスである。

それまでも放送局ではこの年に一度のイベントを8ミリビデオで撮影はしていたのだが、放送せず映像記録としてしまいこんでいた。せっかくの題材を眠らせていてはもったいない。本番の数日前になって、祭りの模様をテレビで流そうという提案が誰からともなく出された。

どうせやるなら早い方がいい。生中継をする機材はないけど、撮影し終えたらすぐに放送局に持ち帰って編集し、興奮が冷めやらぬその日のゴールデンアワーに放送したらどうか。僕は無鉄砲とも暴挙ともいえる提案をした。早いほうがインパクトもあるし、見に来ることができなかったひとたちにも役立つはずだ。「島のひとたちのテレビ」を自称するヤップ放送局としては当然の責務と思ったのだ。でもその日のうちの放送ともなると、スピードが要求されるだけに、リスクも高い。堅い連携プレーが最低必須条件である。

取材クルーを組むことにする。ヤップデーは朝から夕暮れまで続くイベントで、規模は大きい。

カメラマンはギルマタムとハスマイの二人でやってもらうことにした。レポーター兼ナレーターにウィリー。編集はウィリーの立ち会いのもと、僕がやることになった。万全の態勢のはず……だった……のだが。

天候に恵まれ、まさに祭り日和だった。二人のカメラマンによる撮影がすすむ。各集落の踊りが始まり、伝統衣装を纏《まと》った半身裸の男たちが力強い踊りを次々と披露する。僕がもともと暮らしていたワニヤン村があるガギール地域の踊りの順番になった。

見知ったひとびとの入場行進と踊りを観ているうちにちょっと苦い思いが胸から湧きおこってきた。

「ガギールの踊りに参加しないか」

それは二ヶ月ほど前のことである。ワニヤン出身の記者タムンギクが編集中の僕のところにやってきた。

「長老がワタナベにも踊って貰ったらどうか、と言っているぞ。毎週木曜が練習だから良かったら顔を出してくれ」

ヤップの踊りは伝統的な行事のため、なかなかよそ者が入ることができないと聞いていた。村の踊りに参加するということは、地域のひとに認められた証拠でもある。素直に嬉しさがこみ上げたが同時に複雑な思いも絡みあう。僕がワニヤンを離れ、久しい。もはや僕は違う村に住んでいる。

そして浮かびあがったのが、カンシの憔悴《しょうすい》した顔だった。妻に家出され、傷心の日々を送っているカンシ。その彼を僕は見限り、家に行かなくなっていた。彼の村の踊りに僕が参加するのは、なんか調子がいいような気がした。

それでも誘惑に勝てず、ガギールの踊りを見学に行った。練習前にブラブラしていると、大家のLと鉢合わせになった。柔和な表情を浮かべ、ワタナベサン、久しぶり、と声をかけてきたが、僕の気持ちは一気に萎《な》えてしまった。家を追い出されて以来、彼には到底良い感情は抱くことができない。練習を見ているとどうやらLは全体の踊りの指導者的立場でもあった。僕が参加する余地はなさそうだ。結局、僕はガギールの踊りに参加するのを見合わせた。

僕の判断は間違っていなかったと思う。やはりその集落に本格的に馴染《なじ》んでこそ集落の伝統芸能に参加する権利がある。カンシやLに気を遣いながら踊るというのも本筋と違うだろう。頭ではそう考えるのだが、やはりどこか口惜しい。目の前で繰り広げられる踊りの熱気に羨望をおぼえて、喪失感に似た思いに襲われた。

祭りのクライマックスの踊りが終わった。あとは、ウィリーによる現場リポートの撮影である。しかし、肝心のウィリーがどこかに消えてしまっていた。目撃者情報によると彼はあちこちさまよい、おこぼれの酒にあずかり酔っぱらっているらしい。まあ、いいか。カメラマンがしっかりとやっているので現場レポートはなくてもいいだろう。夕方の編集とナレーションに間に合えばいい。カメラマンたちと放送局に舞い戻った。

ヤップの踊りは、微妙な表現やしきたりが多々あるので、編集するにあたり細心の注意を要する。とうてい僕の知識ではたちうちすることは不可能だ。しかし……アドバイザー役のウィリーはいつになっても戻ってきてくれない。焦りがつのる。時計は五時を指していた。オンエアーは八時。時間がない。えーい、ままよ。とにかくせっせと編集をすることにした。

次なる問題はナレーションである。しかしナレーターのウィリーを待っていたらとうとう放送時間になってしまった。番組は完成していない。仕方なく五十分ほど編集したVTRをナレーションなしで放送することにした。（日本では許されません）。放送時間は全部で九十分。まだあと四十分残っている。最初のVTRを流している間に二本目のテープを編集した。三十分のVTRが仕上がった。でもあと十分放送時間が残る。二本目のテープを放送している間に三本目のテープを編集。三本目ができあがった時は前のテープが終わる五秒前（!!）というスリリングな状況だった。

収穫はわれわれスタッフの結束。みんなは火事場のバカ力とでもいおうか、猛烈な勢いで編集をサポートしてくれたのだ。

しかし、それにしても……。ウィリーは最後まで現れなかった。いったい、どこに行ってしまったのだろうか。

ボスの休養宣言

いやはや思いがけないことがあるものだ。

局長ガルがある朝、スタッフを前に宣言した。

「おれは明日から六ヶ月間休むことにする」

まさに寝耳に水。青天の霹靂《へきれき》。えー、何たることか。

「おれの慢性の高血圧の具合がよくないんだ。このままだとおれはもうすぐ死んでしまうだろう。だから休むことにした」

それは大変だ。ゆっくり休んでください。で、だれが代わりに職場を仕切るんですか。

「うーん、特に決めていないんだが……。まあ、うまくやってくれよ」

何たるアバウト。しかしここで責任の所在をいい加減にしておくと、みんなお互いにひとになすりつけて、悲惨な事態を招くことは分かりきっていた。だれか局長の代理を任命してくださいよ。

「じゃあ、ギルマタムに全権を委任しよう。明日からギルマタム局長だ」

ガルはかなりあっさりと言い切った。

よりによって二十八歳のギルマタムは、このところほとんど放送局に顔を出していなかった。全然、代理になっていない!!

でもみんな慣れたものだ。突然の休養宣言にもスタッフは動揺した素振りひとつ見せない。

「どうせ、仮病だろ」

「家を新築してるからそっちが忙しいんだろ」

けっこう、辛口だ。

それからボスは不思議な休暇をとりはじめた。毎日ぶらぶらと職場にやって来ると、レンタルビデオ屋（島に数軒あるんです）から借りてきたビデオカセットを、みんなが仕事をしている横で観賞しているのである。よりによってアクションものを大量に借りたらしく、スティーブン・セガールとかジャン・クロード・ヴァン・ダムなんかを大音量で観ている。かなりうるさい。しかし、みんなボスに遠慮して何も言わない。

家で観ればいいのに、と思うのだが、どうやら家のデッキは壊れているらしい。休み中なので、アクション映画だろうが何だろうが好きなものを好きなだけ観てもいい、という論法だった。

そんな上司を見ていて部下のモラルが低下しないわけがない。目に見えて、職員が放送局に来ないようになった。

そしてボスは休み中のはずなのだが、気が向くと自分のデスクに座り、部下の仕事に口を出すのだった。それも前後の脈絡もわかっていないのに唐突に意見するものだから、トンチンカンな判断が多かった。中途半端な状況にスタッフみんながストレスをため始めていた。

ガル局長、まずいっすよ、ちょこまか局に顔出してるから、みんなやる気なくしてきてるじゃないですか。ついに僕も局長に直言してしまった。すると……。

「悪い悪い、ワタナベ。気をつけるよ」

しかし、二、三日もすると忘れてしまってもとの生活態度。今度は妻と子どもも一緒にビデオを観ている。ははは。こうなるとこっちもあきれるのを通り越して笑ってしまった。これが常夏の島ヤップ放送局の実態なのです。ちなみにガル、休みの意味がないと気付いたのでしょう、一週間後には長期休暇を自ら取り下げ「職場復帰」したのでした。やれやれ。

ヤップのガウディー

あっさりと職場に復帰したガルだが、重度の高血圧で体に細やかに気を遣わないと死んでしまうらしい。だから復職後も放送局に来たり来なかったりが続いた。

「おれは病気だろ、だからヘルシーライフを送ってるんだ。健康な体を維持するためには食生活に気をつけないといけないんだ。おれは健康志向が強いんだよ」

確かにガルはヤップ人に珍しく酒をやらない。酒に飲まれてしまう輩《やから》が多いから、おおいに結構なことである。しかしタバコは吸うし、さらに呆れてしまうことには、コンビーフやスパムなどの塩分と脂肪分が極度に高い食べ物を好んでいる。どこがいったい健康志向なのか？　高血圧でないひとにでさえ悪い食生活だ。

ガルは職場に来ない日も、電話だけは始終かけてくる。ふむふむ、やはりボスである、職場が気になるのだなあ、と感心していた僕は甘かった。ある日、気付いたのだが、彼から電話があると、スタッフが代わる代わる職場から消えていくのだ。

これはおかしいぞ。何かあるに違いない。ある日、電話の直後、こちらの目を忍んで出て行こうとするウィリーを呼び止める。

ウィリー、どこに行くんだい。ニュースの取材があるでしょ。

「いや、急に行かなくてはならなくなったんだ」

ということは何か他の緊急取材かい？

「いや取材というわけじゃないんだが……」

だんだんとウィリーの目が泳ぎだした。取材より大事な用件なんてあるのかい？

「……いや、とにかく大事なんだ」

なんともまあ、歯切れが悪い答え。どう大事なのだろう。実直なウィリーは完全に答えに窮《きゅう》していた。わかってくれよという表情になりポツリとひとこと。

「ガルだよ」

だって局長、今休み中でしょ。どういうことなの？　取材に行こうよ。

「いやー、ガルのところに行かないと」

何で行くの？　僕は執拗《しつよう》に問いただす。ウィリー、急に小声になった。

「実はな……」

驚いたことに、ガルが職場に来ない理由は健康上に限ったことではなかったのだ。な、なんと彼は日替わりでテレビ局員に自宅を建てるのを手伝わせていたのだ。しかも建築は今に始まった話ではなく、五年前からやっているのだという。

アイディアマンのガル。名案を思いついた。放送局には若い連中がゴロゴロしている。彼らの中から力仕事ができそうなやつとか、非番で暇な連中、はたまた貸しを作ったひとびとを利用して家を作り始めたのだ。

所詮仕事の合間をぬってやっているので、遅々として建築は進んでいなかったらしい。そこでガルはこの療養中の時期を利用して、一気に作ってしまおうと目論《もくろ》んでいたのだ。

ボスはある日、僕にも声をかけてきた。ついに来たか……。覚悟を決めついて行く。島の中央部のオフロードを突き進む。人家が途絶え、あたりには藪《やぶ》しかない。え、どこですか？

「家はこの奥さ」

ブッシュナイフで草木をかき分けようやく到着。するとそこには五年間の汗の結晶が……。なぬう、土台しかないではないか。ガルはここに鉄筋の高層住宅を建てようとしているのだという。コンクリートの建物などほとんど無いヤップではまさに大豪邸だ。ガルは顔を輝かせながら、壮大な夢を語る。

「いずれはね、観光客も泊まれるホテルに改築するつもりだ」

確かに未来の「ホテル・ガル（そんな名前になるのか知りませんが、取りあえず）」が立脚するその場所は、高台で眺めはよく、水平線まで広がる青い海が望見できた。

「ワタナベの知り合いも日本から泊まりに来てもいい」

ありがとうございます。

「団体でもいいぞ。おれがヤップの最高級料理でもてなしてあげよう」

それは光栄です、などと言いながら、僕の中にひとつの疑問が湧きあがる。基礎部分を作るのに五年かかっているとなると……このペースでいったい、完成までどれくらいかかるんだろう。僕の元気なうちに完成することはないに違いない。まさにヤップのガウディー、「サグラダ・ファミリア」状態！　歴史的建造物になることはまず間違いないのである。

「ま、ゆっくりしていってくれ」

幸い、貧弱な僕は大工としてカウントされなかったようだ。でもこんな所でどうゆっくりするのか？

その間も、同行していたウィリーは不幸にもさっそくセメントをこねさせられていた……。

マドリッジ

chapter6＊そしてもっと広く、もっと深く

理想郷のひとびと

身分差別の激しいヤップ島。そのため離島のひとたちはヤップ人の村に住むことが困難で、コロニアの一画の海縁の低湿地に寄りそうように集落を作っていた。そこは「マドリッジ」と呼ばれ、ヤップから百キロのユリシー環礁からおよそ九百キロ離れたサタワル島までの広いエリアから離島のひとたちが集まっていた。

マドリッジは海からとにかく近く、集落の先端の家に至っては海に直接、杭を打ち込んで作られていた。家の下を波が洗っており、よくこれまで台風に流されなかったと不思議なほどである。土地が狭いために一部のひとたちはこんな場所でも家を建てざるを得なかったようだ。集落全体の広さはざっとテニスコート十面ほどだろうか。外見的には黒澤映画の『どですかでん』に出てくる集落に近い。この上ないほどの安普請のトタンとベニヤで作られた高床式住居がほとんどだ。水はけが悪く地面はいつもぬかるんでいる。

この集落に三百人ほどの老若男女がところ狭しとひしめいていた。どこの家にも赤ん坊がいて泣き声がたえることがない。鶏を飼っているひともいるようでその鳴き声も騒々しい。職にあぶれた男たちはまだお天道様の高いうちから博打《ばくち》をやっている。

と、こう書くと、なんか悲惨な暮らしのように思えるかもしれないが、まったく正反対である。雨水をためた飲料用タンクの横で井戸端会議に花を咲かせている女性たち、僕を見つけるとワッととり囲む邪気のない子どもたち……。日本語で話しかけてくる老人もいる。とにかく離島のひとたちはオープンで陽気だ。晴れた日でも雨の日でもマドリッジにはいつも笑い声があふれ、ひとびとの生活の匂いが立ちこめていた。

ここには放送記者にしてカメラマン、はてはディレクター、キャスターまでこなすマルチ人間ハスマイが住んでいた。他にもテニス仲間のパッカルーもいたため、足を運ぶことが多かった。

「ワタナベ、イットモゴ（こっち来て飯を食っていけ）」

集落に踏み込むとどこからともなく声が降りかかってくる。別に知り合いでなくても、ほんとうに気さくに話しかけられる。それは社交辞令のように思えるが、彼らはかなり本気であり、僕は何度か家の中にあげてもらい、食事をご馳走になった。かといって彼らは見返りを期待しているわけではない。当たり前のようによそ者である僕を受け入れてくれる。よく時代小説などに描写される江戸時代の長屋のような暮らしぶりといえばピッタリくるかもしれない。喧噪《けんそう》とともにとってもあったかな人情があるのだ。赤ん坊が泣くと近くのひとがあやすし、場合によっては他人の子であっても授乳する。ひととひとの距離がとっても近いのだ。

あるとき、離島のひとからマドリッジの語源はスペインの首都マドリードだ、と教えられたことがある。ミクロネシアの島々の多くは二十世紀に入るまで長きにわたりスペインの領地であり、ヤップや離島の島々も例外でなかった。多くのスペイン人がこの島にも暮らしていた。ある時、とあるスペイン人の神父が、ヤップに出てくる離島のひとたちのために宿泊所を設けたのがこの集落のそもそもの発端である。神父はこの地にマドリードになぞらえた名前をつけた。

離島のひとたちは神父からマドリードのことを聞かされたかもしれない。大都会マドリードの暮らしぶりは離島のひとたちの心にどのように映ったのだろうか。その後、ドイツ、日本、そしてアメリカと統治は続いたが、離島のひとびとは常にマドリッジをヤップの拠点としてきたのである。

僕はいちどだけスペインのマドリードに行ったことがある。確かに美しい街並みがあり、スペイン文化が結集されたすてきな場所だった。でもあらためてマドリッジでひとびとの笑顔を見ているうちに、そこにマドリードに負けてはいない奥深さを発見した。それはスペイン人をも上回る陽気さに支えられたひととひとのつながりである。生活感があふれる空間は限りなく魅力的だった。

日本語を教えろ！

離島ツアーから戻ってしばらくたったある日のある時、ガルに呼ばれた。局長室（といってもわれわれのオフィスとベニヤ板一枚で隔てただけの二畳ほどの空間）に入ると、見慣れぬ女性がしきりにビンロウジを噛んでいる。僕の姿を認めるとあわてて立ち上がった。

「彼女はな、ミクロネシア短期大学で事務をするマリアだ」

マリアはつくったような笑顔を浮かべている。僕はとまどった。短大の職員がいったい僕に何の用なのだろう？

「ワタナベ、お前にもっといろんなことに取り組んでもらいたいんだ」

ガルがもっともらしい顔で言う。フムフム……。「ヤップニウス」も英語版に加え、ヤップ語版をスタートさせ、ようやくそれが定着してきていた。そろそろ次のステップを考えないといけない時期だった。しかしだからといって……なんで短大の人が来てるんだ？？？

「この島でお前が望まれていることはなんだ？」

逆に質問だ。こっちが聞きたいのに。それでも真面目なわたし、ちょっと間をあけたものの、愚直にこたえた。

やっぱりテレビ番組を作ることでしょ。当たり前すぎるかもしれないが、すごくまっとうなわたし。

「それはそうだ。でもそれだけではない」

なんだろ。禅問答のようになってきたぞ。

「お前は日本人だ。教えるべきことがある」

ヤップのひとに日本のモノ？　空手が柔道か。お茶か？　武士道か？　残念ながらいずれも僕にはこころえがないものである。

「ワタナベ、日本語を教えろ」

ナヌーッ。さっきから緊張した面持ちだったマリアがビンロウジで真っ赤になった口を開けて一気にしゃべり出す。

「ミスターワタナベ、実は新学期から短大のコースに日本語を単位に入れることにしたのです。だから、あなたにお願いすることにしたのです」

なるほど、新学期ですか。ふんふんとうなずいたものの、すぐに気付かされた。もうすぐじゃないですか。それに僕、日本語の教師のプロじゃないですよ。無理じゃないかなあ。するとガルがひとこと、諭すように言う。

「お前は何語がしゃべれるんだ」

うーん、片言の英語にもっと片言のヤップ語、それに……日本語。

「そうだろ。お前、日本人だ。そして日本語しゃべるだろ。じゃあ、日本語を教えられるはずだ」

そんなぁ。無茶苦茶な三段論法。こちらは当惑した顔を浮かべているのに、ふたりは何か書類を出して早口で話している。どうやらすでに示し合わせていたようで、有無をいわせないらしい。半ば「業務命令」みたいなもので、もはや退路は絶たれたようだ。仕方ない。仕事の片手間にできる程度なのだろう。しかし緊張が解かれ強気な顔になったマリアはいとも簡単に言い切った。

「週三回お願いします」

なんとまあ。それは大変な業務である。三回やるためには三日の準備が必要……ということは日曜以外、毎日働かないといけないではないか。激務だああ。だいたいからして他のミクロネシアの島々では日本語を教えるという、それだけのために専任で海外協力隊員が教師として送り込まれているのに、なんたることだ。

「ま、おまえにとっても良い経験だろ」

何て事なさそうにそっぽを向いてしまった局長ガル。でもそれは確かだった。この際、あまり先のことを考えずに引き受けることにした。

マリアがクラスの名簿を渡してくれた。高校を出たばかりのモナ、中心部の商店で働くジェフリー、離島の高校を出たばかりのジョン……。プロフィールを見るといろんな輩《やから》が日本語を習いにやってくる。若いひとだけではない。ハウスワイフ＝家庭の主婦だという中年女性もいる。生徒は全部で十一人。僕に教えられるのだろうか。プレッシャーが襲ってくる。

なるようにしかならないよな。とはいえ、いったいどうなることやら。

わが生徒モナの夢と現実

使っているときは全然感じることはなかったのに、あらためてひとさまに教えようとすると日本語はかなり難しい言葉である。あいさつや単語くらいならまだしも、困難なのは助詞だった。自分では「てにをは」を何気なく使っていたが、これを理屈で説明するのは僕の言語能力を越えたものであった。さてさてどうやって教えよう。

週三回の各九十分のクラスは準備もたいへんだ。教科書は違う島で日本語教師として活動する協力隊員から取り寄せたものの、専門の日本語教師が使うシロモノで、素人の僕には理解できない業界用語も多く、頭がこんがらがってしまった。結局、教材もいちから自分で作る羽目になり、ヤップ高校のアメリカ人教師にコンピュータを借りて連日深夜まで教材作りに追われた。

放送局の仕事は当然今まで通りあるわけだから、てんてこ舞いだ。しかし、幸いにもヤップのひとたちはのんびりやさんで、日常のあいさつを覚えるだけでかなりの時間がかかったから助かった。宿題を出してもやってこないし、一度教えたこともなかなかおぼえないものだから、助詞を教えるところまでなかなか到達しないのである。ホッとしました。いやいやあまり喜ばしいことではないか……。

「ワタナベサン、キョウワイイテンキデスネ」

僕の日本語のクラスでもっとも早く日本語に親しんだのがモナだった。高校を出たばかりの十八歳。目鼻立ちがはっきりとしていてかなりのべっぴんさんだ。すぐに日本語で簡単なあいさつができるようになり、ひらがなも完璧におぼえ、こちらをびっくりさせた。

そんな彼女はひとつの夢を持っていた。アメリカで暮らすこと——。そのためにも幅広い勉強をしようと短大に進学してきた。日本語は単位のひとつとして選択していただけだったのだが、高校でもダントツの優等生だった彼女は、誰よりも吸収が早かった。

そんな彼女が夢に一歩近付くことになった。学期半ばにあったアメリカ軍の採用試験にパスしたのだ。

ヤップで米軍の採用試験？　不思議に感じられる方も多いかもしれない。ミクロネシアの島々がアメリカ合衆国とのつながりが極めて強いことは前述した。ミクロネシア連邦は独立して十年以上たつが、国の運営はいまだ全面的にアメリカの経済援助に頼っている。

だからアメリカはある種の期待をしている。アメリカのために戦え。若者よ、軍隊に参加せよ！　アメリカ軍は毎年一回だが、ミクロネシアの島々で軍の採用試験をしているのだ。パスすると米本土の軍隊所属になる。

どうしてヤップ人は米軍を希望するのか。当然理由がある。うまみは、何年か勤めると自動的にグリーンカードが発行されることにあった。つまりアメリカ市民権を得られるのだ。まさに「アメとムチ」だった。

モナの合格を聞いたときは素直に喜ばしく思えた。モナは自分の夢に一歩近付いたのだから。クラス全員で集まって、モナの門出を祝い、パーティーをひらいた。彼女のうれしそうな笑顔が忘れられない。

しかしその後、僕はグアムに行った時に衝撃の事実に出くわすことになる。グアム在住のヤップ人Gの家に遊びに行ったのだが、リビングにかかっていた一枚の写真に目が引き寄せられた。黒い顔の青年がにっこりと笑っている。着ているのは米軍の軍服で、アメリカの国旗が背景に設《しつら》えてあった。

「兄のジョージだよ。彼はガルフウォー（湾岸戦争）で死んだ」

屈託なく笑う友、Gに僕はどう返事をしていいか、言葉に窮した。あれだけ死者が少なかった湾岸戦争。そのわずかな物故者にヤップ人がいたのである。

泥沼化しているイラク戦争にも数多くのヤップ人が「アメリカ兵」として出向いていると聞く。死亡者も出ている。心配でならない。モナは元気だろうか。

ノーモアウォー！　僕の友を戦場で殺してはならない。絶対に！

アメリカの影

ふと思う。そしてつくづく思う。ミクロネシア連邦国ヤップ島。そこに暮らすひとたちの身の回りにはなんとアメリカが侵食していることか。

たとえば通貨。そもそもヤップ島には石のお金「石貨」がある。今もあるが冠婚葬祭などにしか使われず、日常の生活ではUSドルが使われている。島のメイン銀行はハワイ銀行だった。

たとえば言語。ヤップ本島にはヤップ語、離島には離島語があるが両方を操《あやつ》れる「バイリンガル」はまれである。そのため公用語は英語である。そもそもヤップ語、離島語ともにしゃべるためだけの言語だったので固有の文字がなく、表記するときにはアルファベットを使わざるを得ない。

たとえば食生活。ヤップのひとたちはそもそも自給自足だった。タンパク質は魚を釣ればいいし、主食はヤムやタロの芋類がふんだんにある。でも戦後、アメリカが統治にあたり、工兵隊などがいろんなものを持ち込んで食生活は激変した。特に好まれるようになったものはコンビーフ、スパムといった高脂肪、低栄養の、いわゆる「ジャンクフード」。中でもひどいのはターキーテール。七面鳥の尾っぽの部分だ。安いので僕もよく食べたが、まったく栄養素がない脂の塊だから体に良いわけがない。郷土食よりもこんなものばかりがヤップ島では嗜好《しこう》されるようになってしまった。だから肥満体質の人が多い。まさに「スーパーサイズ・ミー」状態！　その結果、それまでなかった高血圧、糖尿病などの成人病が蔓延《まんえん》することになり、平均寿命も縮まったといわれる。

アルコールもしかり。以前はヤシ酒が主流だった。椰子《やし》の木の幹を傷つけ、そこから出る樹液を発酵させ作る「地酒」だ。とても簡単で一日でできあがる。でも今やバドワイザーがヤップの酒の代表格だ。ビールが手軽に手に入るようになりヤップ島ではヤシ酒を作るのをやめてしまった。（一日でできるヤシ酒だが、極度に労働を嫌うヤップのひとにとって自分で作らないでいいビールの方が魅力的だったようだ）。

たとえば教育。教科書は自前のものがなく、米国で使われているものを利用している。中学くらいまでなら、まだヤップオリジナルな授業をやっているのだが、高校にもなると完全に輸入品である。歴史の授業では何とアメリカ合衆国の歴史を教えているのだ！　みんな自分たちのご先祖さまよりアブラハム・リンカーンの顔の方をよく知っており、地理ではミクロネシアの文化などではなく、アメリカの産業などを覚えさせられる。隣の島の名前よりアメリカの大都市の名前に詳しくなってしまうのだ。なんかちょっと寂しい感じである。

テレビの番組もわれらが「ヤップニウス」及び不定期に流れる特集番組以外はすべてアメリカ本土のお古の番組の再利用だ。ヤップのひとたちは二週間遅れのアメリカのニュースなどを観て過ごしている。

東西冷戦崩壊以前は工兵隊が常駐していたように軍事面での結びつきも強い。政府の運営もアメリカに頼っており、歳入の七〇パーセントはアメリカからの援助金だ。こんな感じでヤップとアメリカはもはや切っても切り離せない関係なのだ。

アメリカ合衆国さんはありがたい存在に違いはない。でもなあ……。なんか、これ以上ヤップがアメリカ色になってほしくない。もっともわれわれの暮らす国にとっても他人事にはとても思えないなあ、と嘆きつつ。

離島の子どもたち

署まで来い

ある朝、聞き慣れないエンジン音に目をさます。寝ぼけまなこで外を見ると村の入り口の舗装していない坂をパトカーが下ってくるではないか。ザワザワとした不安感が胸の奥に湧き上がる。そのまま素通りしてくれ……。しかし僕の願いは届かず、パトカーは女の館に横付けされ、クラクションが鳴らされた。

うわあ、どどどうしよう。あたふたしたあげく、布団をかぶって寝たフリをすることにする。気配から、軒先に警官が立っているのがわかった。セキ払いがひとつ。僕の心拍数はあがっていく。

「ワタナベ」

しゃがれた声に重圧感がある。

「出て来い」

うわー、来た。ついに恐れていたことがおきてしまった。あたりを見わたすが、もはや逃げ場はなさそうだった。

「ワタナベはいないぞお」

動揺した僕は、外に向かってあらぬことを叫んでいた。し、しまった。存在をあかしてしまった。

「OK、ワタナベ、出て来てくれ」

警官の声が一転して諭すような口調になっていた。で、ここでふと冷静になる。オレ、あたふたする必要があったっけ。よく考えてみると、警察にお世話になるような理由が見つからない。ビビる必要はないのだ、そう言い聞かせながらもこわごわと外に出る。いかつい顔の（ま、ヤップのひとはたいていそうですが）警察官がベランダの先に立ってビンロウジを噛もうとしていた。確かジョンという名の青年である。

「ワタナベ、署まで一緒に来てくれ」

やや、やはり。僕はとっさに身構えるが、警官ジョンは屈強な体つきだ。よりによって前夜遅くまで飲んだせいで、二日酔いで体はふらふら、到底逃げることもできそうもない。体内に残ったアルコールが再び脳味噌に流入しはじめ、頭の芯がズキズキとしてきた。懸命に考えをまとめようとするが、まとまらない。

いやー、天気が良いね、ジョン――。警察官に好印象を与えることが大事に思えた。僕はニコニコと愛想笑いを浮かべ、呑気を装う。

「そうだな、いい天気だ。こんな日は外に出かけたくなるよな」

ジョンは意外にも僕とのたわいない会話に笑みをもらしていた。ジョンの顔を見て、僕は急にこの日の用事を思い出し、恐る恐る切り出した。

今日さ、これからアレックスと釣りに行く約束があるんだけど――。

「OK、それだったらあとでアレックスのボートのところまで乗せていくから」

？　送ってくれるなんて随分と好待遇だ。ということはつかまるわけではないのか。ちょっと心臓の鼓動が収まってきた。どうせコロニアまでは行くのだから、何はともあれとりあえずパトカーに乗り込むことにした。

日本の漁船が拿捕《だほ》されたんだ。ヤップの領海で操業していたからね。コロニアに向かうデコボコ道を飛ばしながら、警察官ジョンは話し始めた。

で、船長が日本語しかできないからさ、お前に通訳してもらおうと思ってね。

なあーんだ、そんなことか。日本語の通訳ですか。あせってすっかりと損をした。そうならそうと、早く言ってくださいよ、ひとが悪いなあ。いや、待てよ、拿捕って言ったよな、領海侵犯のようなことも言っていたぞ。時事英語の単語集でしか出会わないような難しい言葉が確かに警官の口から発せられていた。そりゃ一大事である。そんな重要な通訳が僕でつとまるのか。よく聞くと、日本船がヤップの専管水域内で漁をしていたので捕まえたのだという。僕は知らない間に日本とミクロネシア連邦国間の国際問題に片足を踏み入れていた。

港には立派な日本の漁船が横付けされていた。沼津から来たマグロ漁船で、僕よりも一回り近く若そうな船員たちが数人、所在なさ気に時間をつぶしていた。久しぶりに見る日本の青年たちを前にして妙にドキドキしてしまった。変なわたし。

船長は警察署に収監されており、憔悴《しょうすい》した表情を浮かべていた。調書をとるため、制服を着た警官二人がインタビューを始めたので、僕は船長との間に立って、できる限りの通訳をした。専門的なことはわからないので誰かにやってもらうしかないのだが、最大限船長の言い分をアピールしたので、日常生活に困らないように便宜がはかられることになった。

あとでヤップの裁判官に聞いたところ、かなりきわどいケースなのだそうだ。二百海里というと普通、陸地からの距離で測るのが基本である。しかしヤップの場合盲点があった。北側の沖には潮が引いたときだけ現れる「幻の島」があり、ヤップ政府としてはその幻の島から先の二百海里がヤップの水域という判断だったが、日本漁船はヤップ島から二百海里を数えており、その外でマグロを捕っていたのだという。だからつかまった船長も悪気は全くなかったという訳だ。確かに見えない島を基準にするというのは微妙である。その後、気の毒なことに沼津の船会社には二千万円ほど（すごい額で驚きました）罰金が課せられ船長は釈放された。


僕は通訳をしたお礼として、船長から船に招かれた。マグロの切り身と一緒にグローブというグループのCDや三ヶ月以上前の週刊誌の数々を若い船員たちからもらった。僕にとってありがたい日本の最新情報だった。

グローブは小室哲哉がリーダーの人気バンドらしい。さっそく聞いてみたのだが、テンポいい音楽は僕にとって目新しかった。ウワサに聞いていた安室奈美恵の浅黒い顔を雑誌で初めて直視した。ガングロ、ルーズソックスなるものも初めて知った。

僕はいつのまにやら「今浦島」状態になっていた。拿捕された日本船は僕にとっての「黒船」だったのだ。まもなく日本を離れ二年になろうとしていた。

自転車泥棒

しばらく見なかった「ヤップの闘拳」ＤＪタマグだったが、あるとき、ひょっこり編集室に顔をだした。

また、カメラをやりたいというのだろうか。何か哀願するような目つきに、僕は思わず身構えていた。例によって、本題を切り出さずにもじもじしている。今度は何が狙いなのだろう。

「お前の自転車、いいなあ」

なんだ、そんなことか。ちょうど僕は新しい自転車を手に入れたばかりだった。協力隊の事務所が購入したマウンテンバイクはヤップには珍しい新車である。真っ赤にボディーを塗られたおニューの自転車は確かに目立っていたと思う。その日、タマグはそれだけ言うといなくなった。

またしばらくするとタマグは編集室にやってきた。

「ワタナベ、お願いがある」

深刻な表情だ。今度は何だろうか。金ならないぞ。タマグの卑屈な表情にこちらは体を硬くする。

「自転車に乗せてくれ」

なんだ、そんなことならお安い御用である。カギを渡すと、口笛を吹きながら編集室を出て行った。しばらくして表に出てみると、放送局の前の駐車場で無邪気に乗りまわしている。

五段変速がついているし、オフロードもこれならＯＫさ。どうだ、格好良いだろう。でも、お前らにはまだはやいなあ。タマグはたまたま通りかかった少年たちに我が物顔で自転車の機能を説明していた。なんだかすごい知ったかぶりである。この時点で僕は気付けばよかった。タマグはすでに自転車が誰のものか不明瞭になりかけていたのである。

またしばらくするとタマグは編集室にやってきた。

「ワタナベ、ちょっとの間、自転車、貸してくれないか？」

減るものでもないし、一週間くらいなら別に困らないだろう。僕はうっかりとＯＫしてしまった。これがトラブルの入り口とは露知らず――。この後、タマグはぱったりと放送局に顔を出さなくなった。

ひと月ほどたち、ガルに消息を聞くと、

「あー、あいつは不真面目だから解雇したよ」

えー、なんとタマグはクビになってしまっていた。あれれ、しまったぞ。自転車はどうなっているのだろう。

それから僕のタマグ探しが始まった。勤務の合間に、僕は街中のタマグが立ち寄りそうな場所を捜索する。しかし会いたくないときにはよく会うものだが、見つけようとすると見つからない。

タマグは以前から、オフには、自家用車を使って、タクシードライバーをしていた。よし、タマグタクシーを探そう――。しかし僕の心の中を見透かしているのか、小さな島なのになかなか遭遇しない。解雇を聞いて三日目、コロニアの中心部でようやく見覚えのあるタクシーを見つけた。間違いない。運転席のシートを倒してタマグは熟睡していた。

おーい、タマグ。僕は思わず大声を出しながら、タクシーに駆け寄った。すると……タマグは僕の顔を一瞬見ると、あわててキーを回し、アクセルをふかせ、急発進し走り去ってしまった。

どうしよう……。しばらく途方にくれたが、もっとも簡単な方策に思いいたる。

あいつの家に行こう。彼の家は放送局から歩いて行ける場所にあった。何でももっと早く気付かなかったんだろう。僕はだんだんと論理的思考回路をなくしてきたみたいだ。ヤップ生活も長くなり、いい感じにゆるくなってきたのかもしれない。

タマグの家は結構大きかった。どうやら顔に似合わず坊ちゃんらしい。さっそく家の周囲で自転車を探すのだが……ない。

タマーグ、タマグはいるか。だが叫べども、返事はない。居留守の可能性もある。もう一回。そしてもう二回。なかなか出てこない。本当にいないのかと諦めかけたころに、ガタリと扉が開く音がした。目をこすりながら出てきたのは、待ち望んでいたヤップの闘拳タマグくん。

「お、ワタナベか。寝てしまっていた。ごめんよ」

当然の事ながら、決まりが悪そうだ。こちらもいきなり自転車の話も無粋だと思い、タマグの近況を聞いてたりしてしまった。

「オレはＤＪなんかより大物にならないといけないんだ。だから放送局は辞めたんだ。サイパンの

石風
Stone & Wind
No.20
2007・7

石風社《せきふうしゃ》
福岡市中央区渡辺通二―三―二四　〒810―0004
TEL ○九二（七一四）四八三八　FAX ○九二（七二五）三四四○
http://www.sekifusha.com/

＊渡辺考『ヤップ放送局に乾杯！　ゆるゆる南島日記』特集

憎めない奴

重松　清

渡辺考さんは――と書き出してはみたものの、どうにも窮屈で、背中がくすぐったい。ふだんどおりの呼び方で書かせていただく。

コウ――。

できれば、多少チンピラめいた声音の「おいこら、コウ、てめえ」という感じで読んでいただければ、と思う。あるいは憤然とした舌打ち交じりの「なあ、コウ、おまえさあ、もうちょっと……」という口調で。もしくは、つくづくあきれはて、ため息をつきながらの「コウ、いいかげんにしろよなあ」でもいい。要するに、ろくな呼び方をしていないということなのだ。

実際、コウのこと、しょっちゅう怒っている。十回会えば、五、六回は、ムカッときてしまう。この原稿を書くために二〇〇一年に知り合って以来のメールを検索してみたのだが、コウからのメールには「すみません」「申し訳ありません」「お詫びします」といった言葉が頻出している。もともと短気でカンシャク持ちのシゲマツではあるのだが、これほど何度も怒っているとは、われながら驚いた。

だが、それ以上に驚いたこと――オレ、こんなに怒ってるのに、なんであいつといまでも付き合ってるんだ？

＊

「憎めない奴」という言い方がある。もしもその具体例を挙げてみろと言われたら、僕はためらうことなくコウの名前を出す。「一度会ってみろよ」と言う。「のんきな奴で、ルーズなところもあって、肝心なことはすぐに言い忘れるくせに、しょっちゅうよけいな一言を言っちゃう奴なんだ」と、ろくでもないところならいくらでも出てくる（コウ、ここでアノことやソノことを書かないオレに感謝しろ）。しかし、どんなに悪口を言いつづけても、最後の言葉は決まっている。「でも、あいつ、いい奴なんだよなあ」——苦笑交じりに言うはずなのだ。で、その苦笑いの顔、自分で言うのもナンだが、なかなかいい感じの笑顔になっているのではないかとも思うのである。

本書は、そんな「憎めない奴」コウが、ヤップ島で過ごした日々の記録である。一読明らかなとおり、ここには紋切り型の楽園讃歌など、これっぽっちも描かれてはいない。コウが出会う島民はそれぞれセコくて、だらしなくて、ときどきおっかなくて、でも意外と腰抜けで、間抜けなこともするし、嘘だってつく。コウは彼らを決して美化して描いたりはしない。違和感は違和感として、困惑は困惑として、また腹立たしさやもどかしさも包み隠さず、まっすぐに——同じ高さのまなざしで見つめて描いていく。だいいち、コウだって、セコくて、だらしなくて……以下略。つまりは、対等なのだ。フェアなのだ。高みに立って島のひとびとを見るのではなく、またことさら「先進国ニッポンから来たひ弱なボク」と卑下するわけでもなく、自然体で付き合っていく。

やがて、僕たち読者は——コウが島に馴染んでいくのと歩調を合わせるように、島の連中が好きになる。島の連中とこんなふうに付き合い、こんなふうに描くことのできる渡辺考という男のことも好きになる。そして、気づくのだ。この滞在記に登場するのは、みーんな「憎めない奴」なんだ、と。

＊

コウと僕は、ドキュメンタリー番組のディレクターと出演者という関係である。二人のコンビでつくった番組は三本になる。

ドキュメンタリーは、当然のことながら、そのほとんどがロケ撮影である。旅である。また、これも当然のことなのだが、事前の台本などあってないようなものだ。

予定調和ではない、どう転ぶかわからない旅——そういう状況に強い奴と弱い奴とがいる。予想外のトラブルを、むしろ奇貨として歓迎するタイプなのか、それとも計画どおりに進まなかったことじたいに冷静さを失ってしまうタイプなのか。コウは紛れもなく前者である。困難な状況のロケであればあるほど、コウはにこにこと（いや、「へらへらと」と言いたいところだが）笑いながら、つまらない冗談を言って（実際つまらないんだ、これがまた）撮影クルーをなごませ、特にあせったそぶりも見せないくせに、なんとなくピンチを脱してしまう。不思議と頼もしい男なのだ。

さらに、コウは番組で取材するひとびとのフトコロに、するっと入り込む。決しておべんちゃらを言うわけではなく、むしろ「おいおい、だいじょうぶか？」と端で見ていて心配になるほどのふるまいをすることだって少なくないのだが、これまた不思議と、撮影中はもちろん、番組がオンエアされたあとも人間関係をしっかりとつないでいる。

その大らかなたくましさと人なつっこさは、本書を読めばよくわかる。コウがヤップのひとびとをこよなく愛しているように、コウもまた、彼らや彼女たちから愛されている。本書の終盤、ヤップ再訪の章で、僕は不覚にも涙した。コウ、おまえ、ほんとにいい友だちといっぱい出会ったんだなあ……。

かく言う僕だってそうだ。

何度も怒っている。それでもコウからドキュメンタリー出演の誘いが来れば、いつだって旅を始めるだろう。大らかなたくましさと人なつっこさに惹かれて、この愛すべき「憎めない奴」と、これからもコンビを組みつづけるだろう。コウは確かに僕をしょっちゅう怒らせる。しかし、無愛想な僕がいちばんよく笑うのも、コウと一緒にロケをしているときなのだ。

＊

本書はあくまでも渡辺考という一人の男のヤップ滞在記である。

しかし、そこには、僕たちが最も苦手としている自然体の付き合いの素晴らしさがきちんと描かれている。フェアであること、対等であること、素直に笑い、素直に怒り、素直に肩を抱き合い、素直に泣くこと——飾ることのない喜怒哀楽に満ちた旅の記録は、狭苦しいニッポンで、せかせかした毎日を送っている僕たちに、とても大きなことを教えてくれているような気がする。

＊

いかん。ちょっとほめすぎた。

調子に乗ったコウの顔が目に浮かぶ。

「シゲマツさん、これで直木賞とか狙えますかねえ」なんて。

で、僕に「なめんなよ！」といつものように怒られて、いつものように謝って……そんなふうにして、これからもずっと付き合っていきたいな、と思う。

コウ。

また一緒に番組つくろうぜ——。

（作家）

中村　哲
医者井戸を掘る　アフガン旱魃との闘い
＊日本ジャーナリスト会議賞受賞
「とにかく生きておれ！　病気は後で治す」。百年に一度といわれる最悪の大旱魃が襲った瀕死のアフガニスタンで、現地住民、そして日本の青年たちとともに千の井戸をもって挑んだ一医師の緊急レポート
【10刷】一八九〇円

小林澄夫
左官礼讃
日本で唯一の左官専門誌「左官教室」の編集長が綴る、土壁と職人技へのオマージュ。左官という仕事への愛着と誇り、土と水と風が織りなす土壁の美しさへの畏敬と、殺伐たる現代文明への深い洞察に貫かれた左官のバイブル
【7刷】二九四〇円

阿部謹也
ヨーロッパを読む
「死者の社会史」から「世間論」まで——ヨーロッパ中世における「近代の成立」を鋭く解明する〈阿部史学〉のエッセンス。西欧的社会と個、ひいては日本の世間をめぐる知のライブが、社会観・個人観の新しい視座を拓く
【3刷】三六七五円

藤田洋三
世間遺産放浪記
藤森照信氏絶讃　働き者の産業建築から小屋・屋根・壁・職人・奇祭・近代化遺産、さらには無意識過剰な迷建築まで、「用」の結果として生まれた「美」の風景。失われゆく庶民の遺産を、全国津々浦々に追った痛快写真集
【2刷】二四一五円

アビゲイル＆エイドリエン・アッカーマン
おかあさんが乳がんになったの
飼牛万里訳
＊アメリカ対がん協会発行
9歳と11歳の姉妹の母親が乳がんになった！　どういう治療をするのか。また家族や周囲の人達を巻き込んでのたくましい快活さとユーモアの日々。大切な人ががんになった時、「君達はひとりぼっちじゃないんだよ」とメッセージを贈ってくれる闘病絵本
一五七五円

さかもと聖朋〈カウンセラー〉
過食症で苦しんでいるあなたへ
摂食障害から立ち直るためのステップ
人生の半分を過食症で苦しみ、一三七キロから五三キロへのダイエットに成功、過食症を克服した著者が、これまでのすべての体験から語る摂食障害からの回復するためののメッセージ。摂食障害はとても辛い心の病気。でもだいじょうぶ。きっと治るから一三六五円

＊小社出版物が店頭にない場合は「**地方小出版流通センター扱**」とご指定の上最寄りの書店にご注文下さい。なお、お急ぎの場合は直接小社宛ご注文下されば、代金後払いにてご送本致します（送料は一律二五〇円。定価総額五〇〇〇円以上は不要）。

学校に入学すべく、準備中だ」

辞めたのではなくクビになったはずなのだが……。まあ、いいか。そろそろ本題にはいろう。

「で、タマグ、オレの自転車はどうした？」

絶句、ノーアンサー。案の定、返答に困っている。

「まさか、なくしたとか？」

あわててかぶりを振るヤップの闘拳。

「いやいや、滅相《めっそう》もない。弟がちょっとストアに行くのに使っているだけだ。すぐ返すよ」

そうしているうちに家の老人が地鶏のスープを僕の目の前に並べた。

「ま、そんなことより、ワタナベ、食べろ」

バドワイザーも出てきてしまった。こんなことで懐柔《かいじゅう》されるか、と思いつつも胃袋は逆の反応を示している。ココナッツのクリーミーな匂いに誘惑され、ついつい手を伸ばしてしまった。そのまま自転車の話は雲散霧消してしまった。弟が使っているんだったら、すぐに帰ってくるんだろう。夜空を眺めながら、痛飲してしまった。でも夜半を過ぎても弟は帰ってこない。

「あとで、連絡するから、心配するな、ワタナベ」

一抹の不安を頭の片隅に抱えながらも、すっかり酔っぱらって籠絡《ろうらく》されてしまった。

それから数日、タマグから連絡はない。弟はどこのストアに行ったのだ。こんな何日もかかる買い物、あるの？　ふたたびタマグの所在がつかめなくなっていた。でも自転車は……見つかったのである！　それも思わぬ形で。

村に向かって歩いているときのことだ。高校生くらいの少年が自転車に乗っていたのだが、どうも見覚えのある真っ赤な色である。近付いてみると、僕のものではないか。どういうことだ？

「お前、なぜ、わたしの自転車に乗っているのだ」

興奮して思わず詰問調で高校生につめよった。しかし高校生はひるむどころか、逆ギレっぽく僕を睨みつける。

「何言っているんだ。これはオレのだよ」

お前こそ何を言ってるんだ。そう思ったが、ここは冷静に対処した方がよさそうだ。高校生は腰にナイフを持っている。僕はいらだちを胸の奥でかみ殺しながら、指摘した。

「これは僕のだ。なぜならば、ほらみ、これが証拠だ」

といい、僕は泥よけにつけられた協力隊のシールを指し示す。

「そんなのオレの知ったことか」

待ってよ。僕の情けない声を無視して少年は自転車に飛び乗った。僕は釈然《しゃくぜん》としない気持ちを抱えたままその場に取り残された。


数日後にふたたびその高校生に再会。僕の顔を見ると瞬時に不愉快そうな顔になったが、ここでひるんではいけない。オヤジ狩りにあわないように、やんわりと問うた。

どうして、この真っ赤な自転車が君のものなんだ。

すると、少年はすこし口をとがらせながら、一瞬下を向き、僕に向き直った。

「だって、タマグにいい自転車だね、って言ったら売ってくれたんだ」

え、売った？　どういうこと？

「そうだよ、あいつは僕にこれを三十ドルで売ったんだぞ」

どうやら少年の真剣な眼差しからすると本当の話のようだ。なんとタマグは僕に借りた自転車を金ほしさに売り払ってしまっていたのである。

愕然《がくぜん》。唖然《あぜん》。呆然《ぼうぜん》……。

これ以上、少年を問いつめても、意味がなかった。

ヤップでは自転車は日本と比べものにならないほど貴重な品物だ。ふと僕はイタリア映画の『自転車泥棒』という名画を思いだした。戦後の混乱期にやっと仕事を得た男が、商売道具の自転車を盗まれてしまう。男は泥棒を探すが、見つからない。でも自転車がないことには仕事ができない。困り果てた男は、他人の自転車を盗むことになり、自らも自転車泥棒になってしまうという悲劇である。とはいえ、困った僕が誰かの自転車を盗るわけにもいかないよな。

だんだんと怒りがこみ上げてきた。タマグはいずこ？　コロニア中を探すと、カンティーンで油を売っているところを見つけた。逃げようとしたところを目で制したら、あきらめたようである。

「ごめん、俺が悪かった」

とにかく、すぐに自転車を返せ。もはや余裕はなく、僕の口調もきついものになっていたと思う。

「すぐ返すよ」。いや、お前のすぐはあてにならない。「いや、今度は本当にすぐだ」

本当だった。翌日、タマグは放送局に自転車を持ってきた。新品だった自転車は、すでにあちこちにぶつけたらしく、中古車と化してていた。でも乗る分には何の問題もなさそうだった。タマグはバツ悪そうにそそくさと帰っていった。しかし。それで終わりじゃなかった。

それから、何度か例の高校生とすれちがったのだが、雰囲気が怪しい。こちらを険悪な目つきで睨み付けるのである。ある時は、悪そうな仲間と一緒に遠くからこちらを見て、何かをささやいている。これは危うい事態に発展しそうである。

少年が歩いているところを見つけ話しかけた。いったい、どうなっているんだい。僕の自転車は僕のところに帰ってきたんだし、君もタマグからお金を受け取っただろう。少年は激しく頭《かぶり》を振った。

「その自転車、タマグが無理矢理取っていったんだ。三十ドルどうしてくれるんだよお」

なんとタマグ、お金を返さなかったようだ。うらめしそうな目つきで自転車を見つめる少年を見ていると気の毒に思えてきた。三十ドルはヤップでは大金である。せっかくためたお小遣いをはたいて、自分のものになった自転車への思いは強いのだろう。ことの顛末《てんまつ》を細かく説明し、さとすと、さすがにわかったようだ。以後、少年が僕を睨《ね》め付けるようなことはなかった。

タマグと少年がどのような話し合いをしたのかは不明である。その後、タクシー運転手もクビになってしまったタマグと僕は会っていない。

撮られる側の気持ち

ある時、日本からテレビ局の取材スタッフが来た。アメリカからの援助金・コンパクトマネーの取材、だそうだ。コンパクトマネーが打ち切られるといったいどうなってしまうのか、南の島の未来予想図を描くというものだった。

彼らが真っ先にやってきたのは、我らがヤップ放送局である。そして、ひとつのリクエストをした。コンパクトマネー関連のラジオキャンペーンの様子を撮りたいというのだ。

それ自体、何ら不思議でないように思える。ただひとつ、見逃してはならないことがあった。そのコンパクトマネー関連キャンペーンはすでに一年前に終わってしまっていたのである。

それって、嘘じゃないか。やっていないことを強要するわけだから、悪くいえば、やらせ、である。捏造《ねつぞう》、である。僕はそんなことはやめようとガルに進言したのだが、根が優しいガルは「せっかく日本から来てくれたんだし」とサービス精神旺盛だ。ガル自ら撮影準備を手伝うところをみると、そうとう上の方まで根回しがいっているようでもあった。まあ、かつて現実にやっていたことだから再現ということで（一年もずれていて再現とは普通はあり得ないことだが）、僕も渋々、そのシーンを承知した。

取材クルーは、キャンペーンのアナウンスをもう一度、ハスマイにさせ、それをあたかもいま起きている事実のように撮影していった。

ヤップ放送局のひとたちは、日本からの訪問者ということでテレビクルーを手厚く接待していた。それに幾ばくかの協力金が渡されたのであろう、ガルは上機嫌である。みんな、ハッピー、何の問題もなさそうだった。でも、僕は得体の知れぬ居心地の悪さを感じていた。

取材スタッフの暴挙はそれにとどまらなかった。政府の友達に聞いた話だが、彼らはヤップの知事にもインタビューに行ったそうである。コンパクトマネーはアメリカとの取り決めで行われている問題だ。行政の長である知事がインタビューに応えるのは何ら不思議もないし、ごく自然のことである。ただひとつのことをのぞいて……。

それは……。彼らは知事にふんどしをはかせて仕事をやらせたのである。ヤップではふんどしに上半身裸が正装とはいえ、いくらなんでも普段からこんな格好で公務はやってません。第一、知事の部屋はエアコンがよく効いており、むしろ寒いくらいだ。裸でいたら風邪をひいてしまう。

確かに演出する気持ちというのは同じ仕事をするものとしてわからないこともない。僕だって観ている人の関心をひくためには、面白いシーンは必要だと思う。そして実際、お前はそれまでの取材、演出でやり過ぎはなかったかと問われると、歯切れが悪い返事しかできないだろう。だから彼らを見て居心地の悪さを感じたのは、自分を鏡で見ているような気がしたからかもしれない。

でもそれにしてもやり過ぎだと思う。やはりいくら面白いといっても、寒い思いまでさせてふんどしをしめさせる、というのはないだろう。

僕の中に怒りに似た何かがふつふつと沸いていた。なんか圧倒的にヤップが見下されているような気がしたのだ。いくらなんでも彼らは日本でここまでの演出はほどこさないだろう。こんなことがもし他のマスコミにばれて報じられたら大騒動だ。どうせヤップなんだから、いいじゃない、面白くやろうよ、知事にだってふんどしはかせちゃおうぜ、という演出サイドのささやきが聞こえてくるようだ。

ミクロネシアではないのだが、ある南太平洋の島に行ったとき、そこに駐在する現役の日本大使館員が現地女性を評して「土人の肌は黒いが、馴れればいいもんだな」と発言したのもこの耳でハッキリと聞いたことがある。一応、国の代表ですよ、そのひとは。怒りを通りこして、脱力感が全身を覆《おお》ったのを忘れることができない。ヤップに来た某局のテレビクルーの態度もその日本大使と根は一つのような気がする。

テレビ局のクルーはある種、その国の代表でもある。ヤップのひとたちだってしたたかだ。ハイハイ、とうなずきながらしっかり観ていたと思う。ああ、こんな思考回路のひとたちなんだ、と国民性まで忖度《そんたく》されかねない。

この一件は、別の立場からもテレビを見つめる良い機会でもあった。自分たちが取材される立場になって初めてテレビの怖さを知った気がする。撮られる側の気持ちというものをつねに想像しながら取材をしないといけない。そんな基本中の基本のことが、重要なんだな、とあらためて考えさせられた。

平日のコーチ　週末のコーチ

その男はいきなり職場に乗り込んできた。どう猛な筋肉をタンクトップからちらつかせている。確か政府の青少年活動担当者だったと思いながら、彼の姿を目で追っていると、僕の方に一目散に近付いてくるではないか。

「ワタナベ。オリンピックのコーチになってくれ」

えっ？　おかしいな。アトランタオリンピックは終わったばかりである。そうか、四年後目指していまから特訓か。しかし、だいいち、そもそも、だいたいからして……何で僕がオリンピックのコーチなの？　さてはエープリルフールかと思いきや、すでに五月に入って数日がたっていた。トンチンカンな顔だったに違いない僕に筋肉マンは噛み砕くように説明してくれた。

「ミクロネシア・オリンピックのヤップチームのテニスコーチになってほしいんだ」

なーるほど。オリンピックといっても、ミクロネシア連邦国の総合スポーツ大会のことだった。四つの州の各代表が、陸上競技や球技で順位を競いあうというもので、日本でいうところの国体である。今回は三ヶ月後にヤップから直線距離にして三千キロ離れたミクロネシア連邦国の東端の島・コスラエで開かれるという。

マッチョさんは僕たちが高校のバスケットコートでテニスをやっていると聞いて、急遽《きゅうきょ》テニスもエントリーしようと決めたようだ。僕はテニスが好きではあったが、コーチなどしたことがない。でも他の島に行って、ヤップ代表として戦うなんて面白そうである。大役だったが、やりがいがある仕事だ。

まずは選手集めからだ。さっそくその日、仕事を終えると、高校のテニスコートに直行した。

「オリンピックではテニスチームが組まれることになった。みんなの中でやる気があるひとがあったら、ぜひチームを組んでヤップ代表として戦おうじゃないか」

シーン。ノーリアクション、無反応。テニスはそこそこ上手だが傲岸《ごうがん》なアポロ神父と目が合ってしまった。

「アポロ神父さん、どうですか、行きませんか」

「いや、俺はミサがあるからこの島を離れるわけにはいかない」

そうですか。うーむ、なかなか希望者がいない。ひとり、ようやく手が上がった。しかし、それはシスター、つまり修道女だった。シスター、今回、男子チームなので、すんません。シスターはちょっと恥ずかしそうに下を向いてしまった。許してください。

離島出身の五十歳、パッカルーに声をかけると、彼はまんざらでもない顔でうなずく。どうやら遠慮していたようだ。しかしそれ以上希望者はいない。団体戦なので、ダブルスを二チーム編成しないといけない。つまり最低四人は必要だった。

「仲間でテニスやりたくてしょうがないのが何人かいるから、声をかけてみるよ」

思いがけないパッカルーの助け船。他に選択肢なし。彼の人脈にすがることにした。

翌日、集まってきた面々を見てギョッ。みんなオヤジではないか。中にはパッカルーより年上で、孫を連れてきているひとまでいる。これでいったい戦えるのか？

サタワル島出身ジョンはまだ三十代と若いのだが全くの初心者、測量士モーゼスは経験者なのだが、孫が二人おり、もう引退間際。でもって体力がない。土木作業員のエビリンスが左利きで荒削りだが、良いショットを持っていた。みんな仕事の合間を縫《ぬ》って集まってきて練習に明け暮れた。

さて、テニスでは僕がコーチだけど、週末になると、みんながコーチになる。金曜の夕方、テニスの練習を終えると、僕らはコロニアのチャモロ湾沿いにあるパッカルーの店（パッカルーは釣具店の店長なのです）の横にある集会場に集まる。みんな海パン姿で手には先端に鋭い金具をつけた銛《もり》を持っている。そう、これからは素潜り漁の時間なのだ。

引き潮の時間を見計らって、船着き場からパッカルーの船で沖を目指す。十分ほど湾を出た所に広がるラグーン（礁湖《しょうこ》）が目的地である。あたりが真っ暗になるとみんな船からラグーンに飛び込む。この時間になると魚たちは眠りに入るため、銛で突きやすいのだ。

彼らに続いて僕も飛び込む。引き潮だから海は深いところでも三メートルほどで、ところどころ立つこともできる。懐中電灯を片手に珊瑚礁の陰に魚の姿を探す。昼間は俊敏な魚たちだが、この時間はすっかりおとなしくオネンネだ。

採れるのは沖縄の市場などでもよく見かけるブダイがほとんどだった。美しい青色の肌を持ったブダイが自分の体の回りに防御用の半透明の幕を張って寝ている。かわいそうだが容赦は無用、見つけ次第、手にした銛を魚に突き立てる。

海中の滞在時間はだいたい四時間ほど。やはり彼らはすごい。子どものころから海に慣れ親しんだパッカルーやモーゼス、エビリンスたちにとって素潜り漁はお茶の子さいさい。色とりどりの熱帯の魚をひとり六十匹は捕ってくる。僕は最初こそ数匹しか捕れなかったが、彼らの指導で、最終的には一晩で二十匹ほど捕れるようになった。

初めて連れて行って貰った時は、帰りの船の中で驚かされた。みんなは捕ったばかりの魚の腹を指でこじあけ、何かを引き出し、なんとなんとそれを口に入れたのだ。

何だ？　僕は悪魔よけかなんかの儀式を瞬時に連想していた。無事に漁を終えたことを神に感謝しているのか。薄気味悪いぞ。するとパッカルーがその赤い固まりを、僕のほうに向けてくるではないか。

「ワタナベ、お前も食え」

オエー、なんじゃああ。身構えた僕を不思議そうに見つめるテニスプレーヤーたち。

「うまいぞ」

うまい？　そうか、儀式ではないのか。その赤い物体を恐る恐る口にする。

ほんとうでした。うまかったです。一瞬血の味がしたものの、あまくクリーミーで深みのあるタンパク質の味が口に広がった。彼らが懸命に取り出していたのは魚の肝の部分だった。以来、帰りの船で僕も率先して魚の肝をむさぼるようになった。

コロニアに引き上げる時にはだいたい二時をまわっている。でもこれで終わりじゃないんです。これからがお楽しみ、バーベキューをするのだ。

ココナッツの殻で火をおこし、その上にとりたての魚を並べる。さっきまでの美しい色が嘘のように変容し普通の焼き魚の色になるのだが、じっくり焼き上げた魚の味は最高だった。大漁の魚を前に充実感が湧き上がってくる。テニスの時と一転して男たちの顔つきがたくましく、そして頼もしく見えた。

さらばヤップ島

いよいよ僕のヤップ島の生活も終わりに近付いていた。でも最後までドタバタの連続だった。「ヤップニウス」こそみんなにまかせられるようになっていたのだが、それ以外の取材も忙しかったからだ。

そのひとつが卒業式。ヤップ放送局ではあちこちの学校の卒業式の撮影をして編集、それを希望者に販売していた。近くの小中学校は良いのだが、離島の中学校の卒業式も撮影することになったから大変だ。

さらに……。追い打ちをかけるように、東京からテレビ局の撮影チームがやってきた。しかも被写体が我らヤップ放送局だというから放っておくわけにはいかない。僕は彼等の通訳兼コーディネーターになってしまった。

通常のオフィスワーク、テニスのコーチ、卒業式の撮影、そしてテレビ局の通訳、短大の日本語教師とめまぐるしいことときわまりない。さらに……当初ヤップ人スタッフをメインに撮影するといっていた東京のクルーはなぜか十日ほど滞在した後に取材対象を変えたのだ。あろうことか僕を主人公にするという。いやはや、どういうことなのか……。こうして僕はテレビ局の通訳・コーディネーター兼出演者とあいなったのだ。さらに悪いことにテレビ局のディレクターは体調を崩してしまい、僕がディレクター役をも兼務する羽目になった。いやはや。どこに行くときもテレビカメラが着いてきてさらにせわしなくなってしまった。ま、これも経験と思えば、味わい深いものだ。

僕のヤップ最終章、ファイナル・チャプター。僕はハスマイと一緒に離島の中学校の卒業式の撮影に行くことになった。東京のテレビクルーも物珍しいと思ったのだろう、一緒についてきた。嵐の中だったが、九人乗りのちっぽけな離島行きの飛行機は飛び立った。二時間半にわたってジェットコースターみたいに浮上と落下を繰り返す。外は暗くて何も見えず、生きた心地がしなかった。後で聞くと、僕らが乗っていたのは、パイロットの視覚に頼った有視界飛行を専門とする飛行機だという。ということは……いつ何がおきても不思議ではなかったのだ。よくあんな無茶をしたものである。

僕らが降り立ったのはウォレアイ環礁の中のひとつファラロップ島。この環礁は戦前戦中の日本では「メレヨン」と呼ばれていた島で、太平洋戦争で五千人近くの日本の将兵が亡くなったといわれる。それも戦病死は少なく、ほとんどが補給が絶えたための餓死だったという。ガダルカナル島が「餓島」として有名だが、同じようなことがミクロネシアでも起きていたのである。今でも島のあちこちに日本の将兵の遺骨が取り残されている。

ヤップにはたくさんの離島があるが、中学校はこの島にしかない。そのためファラロップにはあちこちの島々から中学生が集まってきていた。でも中学生の父兄たちの多くは他の島やヤップ島のマドリッジに住んでいて、卒業式に参列できるひとはほとんどいない。だから我々の任務は重要だ。映像があれば自分の娘や息子の晴れ姿が見られるのである。ハスマイはじっくりとひとりひとりの卒業生の表情を撮影した。

卒業式の撮影を終えると飛行機に再び乗り込み、ヤップにとんぼ返りだ。嬉しいことに帰路の天候は順調だった。さっそく放送局へ直行。離島の卒業式の様子をまずは一番間近にオンエアーされる「ヤップニウス」用にまとめることにする。ハスマイは思い入れたっぷりに編集し、そして自らスタジオキャスターとなりヤップニウスを完成させた。

ヤップニウスの放送当日、僕はハスマイとともにマドリッジの彼の親戚の家におもむいた。家にはマドリッジ中から卒業式を迎えた我が子の様子を見ようとひとびとが詰めかけている。

そしていよいよオンエアーの時間になった。自然とみんなの興奮がたかまる。タイトルが流れ、ハスマイの挨拶が……ややや、しかし、出てきたキャスターは、ハスマイではなく、マリオという別の離島人である。なんと、二週間前に放送したニウスが放送されていたのだ。どうやらラタンおばさんが中身を確認せずに近くにあるビデオカセットを再生してしまったようだ。ヤップ放送局ではよくあることとはいえ、ハスマイの面目は丸つぶれ。あわてて無線機で放送局に連絡、間違えを指摘する。これがヤップの言語の難しさだ。ハスマイが指摘しなかったら、離島語がわからないラタンさんはずっとそのまま間違った番組を流し続けていただろう。放送は中断し、画面にはカラーバーが虚しく映し出される。大勢詰めかけた離島のひとたちはせっかく来たのに肩すかし状態だ。彼らを前に立つ瀬のないハスマイ、どこからか手に入れたバドワイザーを苦々しげに飲んでは頭を抱えている。ちょっとかわいそう。

四十分経過。ようやくラタンおばさん、本来のテープを見つけ出したようだ。ふたたび「ヤップニウス」のテーマが始まった。

今度は本物のテープだった。画面に映し出された自分の顔を指さし、ハスマイの仏頂面がすこしほどけている。さっそく最初の話題、離島中学の卒業式の様子が映し出される。我が子の卒業式を目の当たりにして父兄たちは目頭をぬぐう。ハスマイも自分の労がねぎらわれたのだろう、安堵の表情。

離島中学の話題は特集番組として放送することに急遽《きゅうきょ》決まった。翌日からハスマイと三日間編集室に籠《こ》もり、一時間の番組を作り終えた。そして、この仕事で僕のヤップでの二年間のミッションは終わった。

帰国前日。ヤップ放送局のみんながお別れのパーティーをひらいてくれることになった。会場はヤップニウスのためのミーティングをしてきた我がオフィスである。放送局の面々だけでなく伝統首長のルエッポンや州議会議長のルエッチョ、フギル知事も来てくれた。離島のツアーで一緒だったみんなもいる。放送局の近所のひとたちもいる。こんなにたくさんのひとたちに囲まれたのは初めてである。みんなが持ち寄ってくれた手作り料理がずらっと並べられている。すっごいごちそうだ。みんなが代わる代わる僕の肩を抱き寄せ何か言ってくる。ひょっとして……こんな僕でもいなくなることを寂しがってくれているのかもしれない。ただただ嬉しかった。

ウィリーが近付いてきた。

「ヤップニウスは良い番組だよ。お前のおかげだよ。お前が一所懸命やってくれなかったら、こんなにうまくいかなかったよ。お前から二年間教わったこと、ずっと大切に引き継いでいくよ」

あらたまって言われると照れくさい。そんなに言われるほど僕はやってないよ、と思った。でも決して悪い気持ちはしない。ハスマイが酔っぱらって言う。

「いまやヤップニウスはみんなのものだよ。もしこの番組を無くしたりしたら、島中から文句の嵐がくるよ。だから僕らで守っていかないといけないんだ」

ウィリーがさらに語りかけてきた。

「すぐにヤップに戻って来いよ。俺らはずっとここにいるから」

ぐっと僕の手をつかんで握りしめた。

「ほんとうにありがとう、ワタナベ」

なんか鼻の奥がつんとした。こらえきれない熱いものが胸の奥からこみ上げてきた。カンマガール・マガール。ありがとう、みんな。カファール。さようなら。それだけ言うので精一杯だった。ぼやける視界の向こうの仲間たちはみんな笑顔で輝いていた。

慣れてはいるはずですが、時にはドキドキします

chapter7＊番外編

日本での異邦人

日本に帰国して最初の二年は体も心も宙に浮いたような感覚だった。東京のもとの職場に戻ることになったのだが、周囲に馴染《なじ》むことができない。何より東京のスピードについていけなかった。携帯電話にインターネット、茶髪にガングロ、ルーズソックス、プリクラにポケモン。何もかもが新しく、とまどいに似たものを感じた。

渋谷の街をちょっと歩いただけで何人ものひとにぶつかり、足を踏まれた。でも、慌《あわ》てふためくのは僕ただひとり。誰もそんなこと気にもとめない。スクランブル交差点に大音量で流されるテレビモニターの音に頭痛をおぼえた。オヤジ狩りが横行しており、深夜のセンター街を歩くといつ自分が襲われるか恐怖心にとらわれた。

バブルは崩壊したというが、それでも街にはオシャレなレストランがあふれ、最新のブランドを着飾るひとびとが跋扈《ばっこ》し、スーパーには高級な食材がずらっとならんでいた。一本数万円もするワインの薀蓄《うんちく》を語るひとがいて、それを飲むひとがいた。お台場、恵比寿ガーデンプレイス、エトセトラ……。情報誌で最新トレンド情報やオシャレスポットが次々と紹介され、人気スポットは芋洗い状態だった。文明を享受するひとびとの波にこの国の切実な問題はバブルの崩壊などではないなと考えたりした。すべてが虚構にしか見えず、リアリティーが希薄に感じられた。ひととひととの関係だってそうだ。一応は喜怒哀楽をみせるのだが、懐疑深くなってしまった僕には形だけのものに思え、心底からの感情の吐露にはみえなかった。

日々刻々届けられるニュースはめまぐるしかった。メディアはさまざまな事象を伝え大騒ぎしていたが、ひとの生き死にに深く関係していること以外は贅沢な悩みにしか思えなかった。これだけの生活を送っているのに不況だ、生活が苦しい、というのは矛盾しているとまで感じてしまっていた。

そんな状態で日常生活を送ろうとしてみてもうまくいくわけがない。悪いことにスローペースに身も心もすっかり慣れてしまっていた。新幹線に乗ったら恐怖で乗りもの酔いになり、エレベーターに乗ると落ちるのではないかという強迫観念にとりつかれた。仕事でも今思うと考えられないようなミスを繰り返した。

フランスの随筆家モンテーニュは語る。「仕事とは役者のようなもので、りっぱに演じることは重要だ」（宮下志朗訳）。何ひとつうまく消化できないアンバランスな状態で日々を過ごしていた僕は、やがて「仕事をする自分」を演じるようになる。そして都市生活を享受するフリを続けた。

かろうじて、僕が崩壊をまぬがれることができたのは、生涯の伴侶を得たことに大きく依拠する。ヤップから戻り、三ヶ月後、僕は六年間交際していた女性とひとつ屋根の下に暮らすことになった。彼女はヤップに僕がいるときも愛想をつかさず、遠くから見つめてくれていた。そうそう、ヤップのクリスマス時期に来てくれていたひとである。彼女に励まされ、時に叱咤され、僕は徐々に都市の生活になじんでいった。子どもにもめぐまれ、だんだんと周囲の環境がリアルで切実なものになってきた。僕はあえてヤップにも連絡を取らず、ヤップでの生活で得たものを封印した。

離島にて

パプアで思ったこと

どっぷりと東京に埋没し生活していたが、取材のために、久しぶりに南の島を訪問することになった。訪れたのはパプア・ニューギニアである。首都ポートモレスビーの空港を一歩出ると、ウワッとする熱気とともに、胸にこみあげる懐かしさが襲ってきた。何故だろう？ メラネシアの地、ニューギニアは僕にとって初めて上陸する未知の地である。

ははあ、なるほど。人々の顔を何気なく見ているうちにその理由がわかってきた。似ているのである。そうです、ニューギニアのひとびととヤップ島のひとたちが、です。黒い肌にごりごりと音が出そうな面相。怒ったような……。

そしてポートモレスビーの町中で、あることに気が付いた。老若男女みんな口の中は真っ赤なのだ。さては……。やはりそうだった。懐かしきビンロウジュの実が道ばたのあちらこちらで売られている。

僕たちがパプアニューギニアに来たのは、太平洋戦争関連のドキュメンタリーを撮影するためである。「生きて帰れぬニューギニア」と言われたほど多くの日本将兵がこの地で犠牲になった。その足どりをたどるため、北部の町ウエワクに移動した。折悪しく町から燃料が無くなっており電気が完全にストップ、初日の夜から宿でロウソクを渡される。薄明かりの中、ようやく見つけたシャワーをひねってもお湯どころか、水も出ない。ポンプもいかれ、水道水も供給できなくなったのだそうだ。

　真っ暗闇で何もすることができない。すぐに回復するだろうと、軽く思っていたが、その状態が何日も続き、僕はイライラとしながら時を過ごした。次のタンカーが入ってくるまで燃料がまったくないのだそうだ。

　そうはいっても段取りを決めて、撮影を効率良く仕切らねばならぬ。思うようにならず、撮影クルーの間にもフラストレーションがどんどんとたまっていく。

　何日かして漆黒に包まれた安宿の天井を見つめていた時に、急にある感情がふつふつと湧き上がり、僕は愕然《がくぜん》となった。それは喪失感だった。僕は重要なことを見失っていたのである。

　電気や水がなくなるなんてヤップ島では日常茶飯事だった。それは確かに不便で不自由だった。でも逆説的ではあるが「不自由の謳歌」という自由を僕は発見し、楽しむことができていた。

　電気がない？　じゃあ夜空でも眺めよう。真っ暗闇の中で、じっくりと見た夜空の星々は表情豊かだった。水が無い？　スコールで体洗うか。パンツ一丁で浴びる天然のシャワーに、たまらない開放感をおぼえた。

　しかしこの時の僕の体からはすっかり「不自由」に対する喜びが無くなっていたのだ。不自由なことは何か忌むべきものと体が思いこみ始めていた。

　真っ暗な天井から窓に目を移すと、遠くに椰子《やし》の木々のシルエットが微かに見えていた。静寂に身を浸しながら、失ったものの大きさを実感した。何ひとつ不自由が無いように見える東京での生活で、何か大切なものが抜け去っていた。

五年ぶりの訪問

二〇〇二年の夏、久しぶりにヤップ時代の協力隊の仲間と会った。みんな僕と似たような思いを胸に抱きながら東京での生活を送っていた。ヤップの生活を思い出しながら語っていると、東京で抜け落ちていたものが満たされるような錯覚におちいった。そうなってくると、どうしてもたまらない。ヤップのみんなの顔が見たくなって仕方なくなってきた。もう、ダメだ――。「禁断の果実」に僕は手をのばすことになった。

十月。家族に無理をいって、ひとり旅に出た。もちろん目的地は決まっている。五年ぶりとなるヤップ。空港の税関で係員が「ワタナベ、よく戻ってきたな」と声をかけてくる。自分の名前がしっかりとこの場所に記憶されていることに安心と喜びを感じる。上半身裸の女の子が花の首飾りをかけてくれた。ちょっととまどい、目のやり場に困った。

局長ガル、アレックスの息子アーサーが迎えに来てくれていた。こういうときは必ず来てくれる記者ウィリーの姿がない。またビールでもどっかで飲んでいるのだろう。ウィリーやＤＪリトンとの再会が待ち遠しくなった。

ガルの車で放送局を目指す。車窓の風景はほとんど何も変わっていない。ねっとりとした風がまとわりつく。あー、戻ってきたんだ、と実感する。

突然、陽気に近況を語っていたガルが声のトーンを落とした。

「ワタナベ、知っているか」

胸騒ぎがする。

「ウィリーなんだが……」

どうしたんだ？　胸の鼓動がはやまるのがわかる。頼むからへんなことは言わないでくれ。しかし、ガルの口から吐き出された言葉はあまりにも無情なものだった。

「死んだよ」

悪い冗談だな。僕は笑い返そうとした。しかし遠くを見つめたまま黙り込んだガルを見て現実を認めざるを得なかった。

飲みすぎだった。肝炎になり、ドクターストップがかかっても飲み続けた。内臓の痛みがひどく、それを紛らわすために最後は度数の強いウォッカまでガブ飲みしていたという。肝炎は悪化、半年前に亡くなったそうだ。

頭の中が真っ白になり、考えがまとまらない。窓の外の景色が見えなくなっていた。生ぬるい空気だけが僕の体に絡みつく。酔っぱらってくだを巻いていたウィリーの姿が浮かんだ。一緒に行った数々の取材現場が思い出される。「ワタナベ、俺は最高のジャーナリストだ」「俺に任せれば、ヤップニウスは大丈夫だ」。何の根拠もない自信に満ちたしゃがれ声が聞こえてくる。だらしがないが、気の良いやさしいひとだった。身分差別をうけながらも笑顔で前向きで、一緒に仕事をしていて楽しかった。満天の夜空を見ながらいろいろと語り合ったなあ。想い出が次々と脳裏に浮かび消えていく。僕は東京にいる五年の間にかけがえのないものを失っていた。

車が急停止し、放送局に到着したことに気付く。葬式記者タムンギクや仲間たちが出迎えてくれた。ＦＭ放送も開局、コンピュータを操作して番組は作られているのだという。まさに日進月歩である。

テレビは午後一時半から夜十一時までやっている。しかしテレビカメラが壊れ、原稿を書くウィリーがいなくなったため、「ヤップニウス」は休止していた。がっくりしたが、機材が直り次第再開する、という言葉を信じるしかない。

見慣れた顔のスタッフがいないことに気付く。南の村出身のフラグは少し前に無断欠勤が一週間続き解雇されていた。ヤップの「闘拳」自転車泥棒タマグは相変わらず職を転々としているようだったが、現在は建設現場で大工として働いているのだという。

そして、いました。居候ＤＪリカルド・リトン。旧社屋のスタジオに段ボールを敷いて寝込んでいた。しかし……。リトンはひどく衰弱していてげっそりとやせていた。かたわらには点滴の装置がおかれている。四六時中飲んだくれていた彼だったが酒臭くない。

「糖尿病なんだ。もう動く気力もないんだ。一日中、ここでゴロゴロしているんだ」

弱々しげな目を僕に向け、か細い声でリトンは語った。

あれだけ好きだった酒なのに二年間全く飲んでいないという。よろけるように部屋を歩くリトンを見て歳月のむごさを感じた。

時の流れは無情である。ウィリーが死んだ。ワニヤン村の隣人「ヤップのチャールズ・ブロンソン」フランさんも死んでしまった。大好きな酒が命とりとなった。酔っぱらって、「おふろ」と彼が呼んでいた水だめに落ち、溺死してしまったのだ。女の館の近所に住んでいた親切な裁判官コンスタンチン・イヌグも亡くなった。よく通った雑貨屋の主人カンローも死んだ。裁判官イギンさんにも会ったが、ひざをいためたとかで元気がない。「また、会いましょう」とは言ったもののこれが彼と会う最後かもしれない。生活文化の先生、フヌヲさんは病院に入院中だが、危ない状態だという。みんな年をとって老いていく。

ホテルなど予約していない僕は、アレックス・トレトノフの家に泊めてもらうことにしていた。

「おーい、日本人、こいこい」

いましたいました、ヤップのロシア人・アレックス。家の近くまで行くと相変わらず大声を飛ばしている。七十三歳。まだまだ元気である。手みやげの日本酒を渡すと、「ありがとうございます」と丁寧である。もうあまり漁には出ていないようだ。でも、記憶ははっきりしており、四方山《よもやま》話に花が咲いた。アレックスはまだまだ安心、である。

離島出身者の集落マドリッジにいく。相変わらず舗装されていない集落は水溜りがぬかるみになっていた。戦後のバラックのような建物が密集して建っている。裸電球がぽつりぽつりと街頭のかわりをしているのだが、暗くて歩くのに難儀する。

「ワタナベ」

と声をかけられたのでその方向に行くと、テニスチームのエース、パッカルーだ。そうそう、オリンピックゲームで我がテニスチームはどうなっていたかを言い忘れていた。メダル獲得をねらい、ヤップから三千キロ離れたコスラエ島まで意気揚々と乗り込んだのだが、結果は最下位。僕は我を忘れ、口角泡を飛ばし、なりふり構わず檄《げき》を飛ばしたが、いつも練習していた通りのプレーができずに、あきらかに格下のチュークにも負け、全敗だった。

パッカルーによると、ヤップのテニスの環境は劇的に改善されたという。もはやあのボロボロのコートは使っておらず、最新のナイター付きの施設で練習しているというから驚きだ。前年にひらかれたオリンピックゲームのためにヤップ州政府は大型のスポーツ施設を作ったのだという。そのときテニスコートも新設されたのだ。ヤップはスポーツが強くなりミクロネシア連邦国でナンバーワンだそうだ。テニスもみんな上達したという。五年前のオリンピックゲームがうそのようだ。

夕刻、放送局でパーティーをひらいてくれることになった。五時半スタートというパーティーは七時半をまわっても始まらない。なんとなくひとは集まってはいるのだが……。始まらない理由がふるっていた。新任の放送総局長のヒラリーいわく「いや、まだ、わさびが到着していないんだ」。

別にわさびなくても良いのですけれど……。

　八時を過ぎて、どこからか練りわさび到着、パーティーは始まった。放送局で働いている全員が集まってくれていた。僕は前に出され、スピーチなるものまでさせていただいた。久しぶりに英語を使うとあって、ぎこちないスピーチになってしまったが、それもご愛敬ということで。

　いつの間にか、リトンも病床から抜け出してきて、隅っこでポツリと所在なげに立っていた。僕と目が合うと、何度かうなずいた。何か意味あり気である。リトンはみんなに見つからないようにテーブルの下にあったバドワイザーをつかんだ。請うようにこちらをみて弱々しげに微笑む。

　ドクターストップ中の体である。たとえビールとはいえアルコールを飲むのは良いわけはない。でも、リトンが何か悲痛な決意をしているように思え、簡単に彼を制することはできなかった。

「ワタナベ、覚えているか。僕たち、こうやってよく飲んだな」

「そうだね」

「僕は、この二年、まったく飲んでない。二〇〇〇年にやめて以来だ。今日だけ、だ。だってお前が来ているんだから、飲まないわけいかないじゃないか」

　体が引き裂かれるような思いだった。でもそんなことを思ってくれていることが涙が出るほどうれしかった。一本だけ、という条件付きで僕らは乾杯した。

「ありがとう、リトン。また一緒に飲めてうれしいよ」

　しばらくするとリトンは遠くを見つめながらポツリと言った。

「ワタナベ、これが、今回がお前に会える最後、だ」

そんなセリフ、聞きたくなかった。だから、返事ができなかった。

「からだがどんどん弱っていくんだ。毎年クリスマスが来ると、あ、これが最後のクリスマスだな、と思うんだ。でもそうして何回かクリスマスを迎えたけど、もう、さすがに無理だろう。お前と会えるのはこれが最後だ」

こんな真剣な表情のリトンは初めて見た。

「天国には階段があって僕はその一番下のところにいくだろう。そしてゆっくりとのんびりと上のほうにいこうと思う」

「大丈夫だよ、リトン。明日からまた禁酒して節制したら、また元気になる。僕となんてまた会えるに決まっているじゃないか」

僕はかなり無理をして笑顔でこたえた。

リトンは薄い笑みを浮かべながら、何度もうなずいていた。


翌日、リトンがせっかくだから外出しようという。ハスマイの運転で、まずはヤップ病院に行くことにする。ここにはかつての先生、フヌヲさんが入院している。

車の中で待っているというふたりを置いて、僕はフヌヲさんを探した。フヌヲさんはちょうど就寝中だった。前から痩身ではあったが、さらにやせこけて、まさに骨と皮といった様子で痛々しい。

起こしたくなかったので、親戚に「セイハロー」を言っておいてくれと伝言を残した。しかし、気配を感じたのか、フヌヲさんが目を開けた。どこか、記憶に僕のことはあったのだろう、驚いた様子だった。親族によるともはや意識は混濁しているというから、とうてい会話はのぞめなかった。それでもフヌヲさんは何事かをささやいた。僕は自分の耳をフヌヲさんに近付けた。

「いつ帰りますか」

日本語だった。すぐに絞り出すように続けた。

「ありがとう」

そしてヤップ語で「カファール」。さようなら……。そういうと再び目を閉じ、眠ってしまった。

僕は家族に黙礼して、病室を出た。

これがフヌヲさんとの永久の別れだった。病棟を後にした瞬間、涙があふれ止まらない。


三人でウィリーの墓参りに行くことにした。ウィリーが大好きだったビールを持って。

墓はウィリーの生まれた村の茂みの中にあった。色とりどりの花輪が十字架にきれいに飾られていた。

「グッドモーニング、ウィリー」

リトンが墓に向かい、まるでそこにウィリーがいるかのように呼びかける。僕はウィリーが笑いながら、のこっと現れるんじゃないかという錯覚にとらわれた。

パンダナスが生い茂る美しい墓地である。

「ワタナベ、ウィリーに声をかけろよ」

二人に促され、僕は墓前にひざまずいた。

「ウィリー、会いたかったけど、ここに今いなくて残念です。一緒にまた飲みたかった。安らかにお眠りください。またいつか、どこかで」

それだけ言うのが精一杯だった。ウィリーの姿が思い出され胸がいっぱいになった。

そばにあったバドワイザー一本を墓にかけ、一本を僕は飲み干した。ウィリー、乾杯！

やけに晴れ渡って雲一つなく、突き刺すような光線がまぶしかった。

ウィリーよ、安らかに

結びにかえて──あれから十年

──技術指導は、少しくらいはできたかもしれない。でも実際、教えられたのはどっちなのだろうか。大いなる二年間で、多くのことを僕はヤップから学んでいた。とどのつまり指導されたのは圧倒的に僕のほうだった。

とりわけその後の僕の生き方の指針となっていることがある。生きるって楽しいんだ、ということ──。たいていのことはどうでも良いことである。それに忙殺《ぼうさつ》され自分の道を曲げる必要などはない。もちろん、ひとに迷惑をかけてはいけないが、ひとの顔色ばかり気にしていたって仕方がない。一度きりの人生だ。楽しまなくっちゃ。ヤップ精神はいつだって僕の心を支えるエンジンなのだ。──

＊

ヤップから一通の電子メールが入った。二〇〇四年の四月半ばのことである。ヤップで三十年以上にわたり商店などの事業を営む松延さんからの便りだ。添付された写真に我が目を疑った。そこにはすっかり変わり果てたヤップの姿が映し出されている。ヤップは未曾有《みぞう》の巨大台風に襲われたのだ。

スダル台風と名付けられた台風は十二時間にわたってヤップに居座り、低地は大洪水になったという。米国大統領がヤップを災害地域にすると宣言、米国の救助隊が入り、米軍輸送機が赤十字からの援助物資などを何回も運び込んだ。とりわけ島の東側の被害が大きく、多くのひとがホームレスになったことをメールは伝えていた。

ヤップ放送局に電話したのだがつながらない。胸騒ぎをおさえながら何度もくり返すが応答なし。ようやく五月半ば、ガルをつかまえることができた。

「みんな元気だ。しかし台風はほんとうにひどかったよ。でも大きな怪我人や亡くなったひとが出なくてよかった。今はほとんど普通の生活を送れるようになったよ」

しかし身近なひとにも災難は襲っていた。

「ハスマイの家はなくなったよ。彼の住んでいた村はすべて波に流されたんだ」

ハスマイの村というとマドリッジである。陽気な離島人たちの笑い声と喧噪《けんそう》が瞬時によみがえる。あのマドリッジがなくなったなんて――。松延さんのいうホームレスにマドリッジのひとびとが含まれていることは確かだった。

僕はこの状況に対して何ができるのだろう。すぐにでも飛んでいって復旧作業を手伝えたらそれにこしたことはない。しかし現実には仕事などに追われ、身動きがとれないことに愕然《がくぜん》とさせられた。あれだけ世話になったヤップに何もできない。自分のふがいなさは、心に深い負い目を作った。

僕がヤップを再々訪することができたのは、それから三年近くたった二〇〇七年二月のことである。十年ひと昔という。ふと気付くとヤップに暮らした日々はひと昔前の出来事となっていた。

飴《あめ》細工のようにグチャッと折れ曲がったガードレール、倒れたまま撤去されずにいる樹木——。島中に台風の傷跡が生々しくのこされていた。さっそくマドリッジに行ってみたのだが、ひとけはなく殺風景な光景が広がっている。住居の残骸だけが、この場所がかつて集落だったことをかろうじて伝えていた。

ヤップ放送局は激変していた。台風は放送局にも容赦なく襲い、施設に多くのダメージを与えていた。とりわけ致命傷だったのはアンテナの倒壊である。台風以降、電波を飛ばせないので、ラジオもテレビも放送できない状態になってしまったという。ラジオは別に作られていたFMの施設でかろうじて持ち直すことになったが、テレビ放送の古びた機材は修復することができず、三十年間続いたヤップテレビは幕を閉じた。僕が働いていた愛着のあるオフィスは廃墟となり、放送局はそのとなりの建物に移されていた。時の流れを感じざるを得ない。諸行無常、である。

放送局に入ると朝の番組の生放送中だった。ギルマタムが楽しげにＤＪをしている。僕に気付いてウィンクしてきた。テンポの良い音楽と軽快なトークが放送局中に響いている。

しばらく局内を歩いていたのだが、ホワイトボードに書かれたスタッフ一覧表に目がとまった。不思議なことに、ＦＭ放送局になったというのに、表の中にハスマイを筆頭とした「ＴＶスタッフ」という位置付けのひとたちがいるのである。よく見ると、職場の一画にはいまだにテレビ編集機が置かれており、何かの番組がコピーされていた。昔僕たちが手がけた番組も大切に保管されている。メインオフィスに入ると、一生懸命コンピュータをいじっている若者がいるのだが、のぞき込むと、テレビ番組の編集をしていた。テレビは終わったのではなかったか？

意外な形での再スタート、だった！　よく聞くと、前の年にヤップ電話局が外部の会社と提携し、あらたにケーブルテレビを始めたのだが、チャンネルのひとつをヤップ放送局に供与したのだという。そのためヤップ放送局では毎日正午から夜十二時までの半日、ローカル放送をやることになったのだ。ヤップ州政府の電波ではないが、ともあれ新しい形でヤップテレビは再開したのである。編集をしていた若者はヤンファグといい、カメラマンも兼務していた。四年前に放送局に入り、最初はＤＪとして働いていたが、新たなテレビ放送開始とともにテレビの仕事をやるようになったのだという。今でも日々の出来事をデジタルビデオで撮影し、その映像をコンピュータで編集、テロップをいれて翌日、最新トピックスとして流している。

しかし新たに撮影する映像だけではとうてい十二時間をうめることはできない。かといってテレビに専従するスタッフは実質彼ひとりしかおらず、限界があった。そこでどうすることになったのか。今まで撮りためた映像をオンエアーすることにしたのだ。そこには十年前に僕たちが作った番組も含まれていた。一週間に流す番組を並べてある棚を見たのだが、その半分くらいが見覚えのあるものだった。

格好のコンテンツが離島巡りの旅の番組だ。だから毎週一回は離島巡りをするフギル元知事の姿に混じって若き日の僕が映し出されているという。その後、滞在中にどこを歩いていても普通に

「ワタナベ」と声をかけられたのは、そんなことが影響しているようだ。僕の青臭いふんどし姿はヤップで冷凍保存されていたのである。なんか愉快な気持ちになった。スタジオが無くなったのでキャスターが番組を仕切るスタイルの「ヤップニウス」は終わっていたが、独自のテレビ放送は続いていたというわけである。

台風で途絶えたテレビを復活させた立役者はやはりこの男、アイディアマンのガルだった。でもガルはもはや放送局長ではない。二年前にテレビの復旧の見込みのないヤップ放送局を退職、新たな可能性を求めて、ヤップ電話局に転職していた。ガルが以前に、電波が届く一部のひとしかテレビが観られないことを何度も嘆いていたことを思い出す。

「テレビはみんなのものであるべきなんだ。ヤップのひとたち全員にテレビを観てもらいたいんだ」

その具体的なプランをガルは持っていた。

「俺は、テレビは衛星時代に入ると思う。だからいつだって外からの映像が受けられるようになる。それにテレビをCATVにすれば、島中でテレビが観られる」

言葉半分に聞いていたが、放送局長の時から、電話局と何度も話し合っていたことをおぼえている。ついには移籍して電話局長になり、CATVを実現した。アメリカから衛星を通して流される電波をパラボラアンテナで受け止め、それを契約家庭に配信するという方式でチャンネル数は十九だという。「ワイヤレスケーブル」という先進技術を使っているのだが、日本ではやりの地上波デジタルと同じ原理のようだ。すごい技術革新！　その中にはNHKの国際放送も含まれる。ヤップで毎日NHKが見られるなんて……。毎日二週間遅れのアメリカの番組しか見られなかった日々を思い返すと隔世の感あり。現在は五百世帯ほどだというが、日に日に契約者は増えているのだという。ガルは前々からいっていた夢を実現したのである。

放送局の面々もそれなりに年輪を重ねていたが、みんな元気だった。何よりもうれしかったのは、リカルド・リトンがまだ現役のＤＪだったことだ。しかし体調は依然としてすぐれず仕事をしている時以外は横になったままである。

以前と同様に旧放送局の片隅に住んでいるのだが、彼のねぐらを覗きに行こうとして驚かされた。赤ん坊の泣き声がするのだ。子どもを作ったのか？　しかし、よく見るとリトンの横の部屋のかつて技術の部屋だったところに新たな家族が転がり込んでおり、そこの生まれたての赤子の声だった。離島出身のＤＪマリオとその家族。彼らもマドリッジが無くなったことでホームレスになった被災者である。

放送局住民がリトンとマリオ一家になり、ありとあらゆる生活道具が持ち込まれていた。かつての事務机の上には鍋、ヤカン、醤油が無秩序におかれ、天井には洗濯物が雑然と干してあり、まるで学生寮みたいな風情である。ここでかつて僕が仕事をしていたとは到底思えない。

タレグ総局長は出世してヤップ州の副知事になっていた。ラタン、タムンギク、ルブワッグは定年退職していたが元気だという。

放送局以外の仲間たちはどうなっているだろう。アレックス・トレトノフは元気そのものだった。膝《ひざ》が悪かったイギンさんは手術が成功し、以前より元気になっていた。今でもエロビデオを観ているのだろうか？　ビンセント・フギル元知事はすっかりと好々爺《こうこうや》となり、政界を引退、台風の復興を援助する仕事をしていた。

しかしこの世を去った仲間たちもいる。あれほど元気だったアポロ神父もそのひとりだ。神父はそれでも幸せだったのかもしれない。それは彼が一番大好きなテニスの最中に逝ったからだ。いつものようにサーブを打とうとトスアップした瞬間、アポロはコートに崩れ落ちたという。心臓発作だった。唯一の神父を失い、教会は一時期混乱したようだが、今はインドネシア人の神父がミサをあげているという。言葉がなかなか通じず、苦戦しているようだ。一緒に「オリンピック」を戦った仲間エビリンスもいなかった。台風のあとの復旧作業の最中に熱射病で死んでしまった。あのくったくのない笑顔がなつかしい。僕の世話を始終焼いてくれていたマガフ村の隣人で村のお母さんグルワンも亡くなってしまった。最初のホームステイ先のL老人ももういない。

米軍に参加したうら若き我が生徒モナはどうしただろうか。除隊してヤップに暮らしていることを期待したのだが……。彼女はまだ従軍しているという。そして……今は戦火のイラクに派遣されているという。もうひたすら無事を祈るしかない。モナ、死ぬんじゃないぞ。

元気いっぱいのイギンさんもイラク戦争と無関係でなかった。彼の息子もまたイラク戦争に派遣されたばかりで、心配で心配でならないという。ビンロウジを噛みながらポツリと漏らした言葉が心にひっかかった。

「お国のためには仕方ありません」

イギンさん、あなたのお国はミクロネシアなのですよ。決してアメリカ合衆国なんかではない。すべてを卓越したような笑顔を浮かべるイギンさんが、ヤップのひとびとを象徴する達観とも諦念とも感じられ、やるせなかった。

イラク戦争で少なくともヤップ人がひとりとユリシー環礁のひとりが死んだという。アレックスの息子も先日までイラクに派遣されていた。ヤップのひとたちにとってもイラク戦争は遠い戦争ではなかった。以前は年に一回しかなかった米軍の採用試験は今は二回実施されているという。かつては狭き門といわれ成績優秀でスポーツ万能なヤップ人しか選ばれなかったが、米国も兵の増員に躍起となっており、そうでもないひとも合格しているそうだ。以前の倍以上のヤップ人が毎年アメリカ兵に仕立て上げられている。

ヤップ以外のミクロネシア各地の若者も同じ状況下にいる。多くの非アメリカ人がアメリカのためにかけがえのない血を流しているのだ。先年末（二〇〇六年）まで駐米大使としてワシントンにいた離島出身のジェシー前大使と会う機会をもった。

「今およそ百名がヤップ出身のアメリカ兵として戦っているといいます。でも実態をアメリカ側は何も教えてくれない。実際、外国人ゆえあまり階級もあがっておらず、必然的に危険な前線に日々送り込まれているようです」

経済のつながりがあるとはいえ、このような露骨なことをするアメリカにあらためて恐怖とおぞましさを感じる。アメリカからミクロネシアへの経済援助金コンパクトマネーはあと二十年続く。その間は少なくとも親分のいうことには耳を傾けなくてはならないのだろう。

あの「ミクロネシアの魂」号とも再会した。港に停泊中の魂号にあらためて乗船してみてわかったのだが、片道一千キロの行程を旅するにしてはずいぶんとちっぽけな船である。十年でさらに老朽化が進み、さすがに選手交代の時期にさしかかっていた。偶然にも魂号にかわる新しい船「ハピルモゴル」号が初めてヤップにやってきた瞬間に居合わせた。魂号よりひと回り大きい、堂々たる体躯である。ハピルモゴルとは離島語で太平洋という意味だそうだ。時代を象徴するようなのだが、新しい船は中華人民共和国からのドネーション、つまり無償供与だった。

この新しい船の入港をヤップ放送局が取材に来ていた。ヤンファグがカメラをまわし、トニー・ボーイがその手助けをしていた。十年前の僕たちの姿をふと思い出し、懐かしかった。

ヤンファグは言う。

「もっともっと勉強して良い番組を作りたい。良いものを作ってヤップを盛り上げていきたいんです」

若いスタッフによる新生ヤップテレビに大いなる可能性を感じた。

僕はヤップを離れてずっと心に棘《とげ》のようなものを抱えていた。それは飲み友達だったカンシのことである。

あれだけ世話になったのに……僕は妻ナムガイへの暴力事件以来、彼と一定の距離を置き、別れの言葉もなくヤップを後にしていた。同じ村出身のタムンギクに聞くとナムガイは再びカンシのもとに戻り一緒に生活しているという。きっと二人の間に何か良いことがあったに違いない。急にカンシとナムガイに会いたくなった。そして謝りたい。僕はふたりを訪ねるためワニヤン村に足を踏み入れた。

相変わらずのボロ家である。しかし肝心のカンシもナムガイもいない。娘のカシンドラすらいない。半ば諦めたところ、近所に住むという少女が教えてくれた。

「ナムガイは妹の家に行っているから探してみるといい」

カンシは共同作業のため朝から遠くの村に出かけているという。あとでその村に行ってみることにして、まずはナムガイである。妹の家はメンズハウスの横だった。僕のことをおぼえているだろうか。再会への期待と不安が入りまじる。強い日差しのなか、汗がだくだくと額から流れ落ちてくる。しかし……そこにナムガイはいなかった。ちょうど通りかかったふたりの女性に聞いてみた。

「ナムガイは、ここにいるよ」

指し示した先にいたのは赤ん坊である。どうやら同じ名前らしい。そんな小さい子でなく、カンシの奥さんの……。

「そのナムガイなら家にいるはずだよ。ここにはいないよ」

家は今、覗いてきたばかりだ。だめか。諦めに似たものを感じた。すると……。女性のひとりが大きな声をだした。

「ほら、あそこにいるよ」

指さした先百メートルほど向こうをのんびりと歩いているのはどうやら……間違いない。僕は夢中になって叫んでいた。

「ナムガイ、ナムガイ！」

見覚えのあるふっくらとした女性がこちらをふりむいた。もう外聞なんて気にしない。

「イガグ・ワタナベ・ヌ・サパン（僕は日本のワタナベです）」

僕は夢中でナムガイの方に向かって駆け寄った。

「ワタナベ？」

きょとんとしていたナムガイの顔が急速にほころび笑い顔になるのがわかった。僕の目を見ると手をがっちり握った。

「ワタナベ、どうしてたの。元気だった？」

僕の中に悔恨にも似た気持ちが湧き上がった。こんな不義理な僕に対して、ナムガイは昔のままの笑顔で接してくれている。

「さ、家においで。ローカルフードがあるから食べていって」

僕は、僕は……いろいろと言おうとするのだが、言葉にならない。謝りたいこと、その後のこと、話はたくさんある。でもナムガイの笑顔にそんなことを言うのがナンセンスに思えてきた。気持ちを推しはかってくれたのか、ナムガイはうなずきながら、僕の手をもう一度握りしめた。ナムガイの手はあたたかく心地よかった。

カンシはあの後、完全に酒をたった。そんな姿を見たナムガイは数年前に家に戻ることにしたという。今はふたたび飲むようになったが、愉快な酒で、飲んだ後は暴れることもなくおとなしく眠るそうだ。二度と暴力をふるうことなどなく、ナムガイに気遣い、いろいろと手伝ってくれるのだ

カンシと娘カシンドラ

という。ナムガイがカンシのことを語るとき、とびっきりの笑顔を浮かべていることに気付く。ふたりには三年前に新しい子どもが生まれた。女の子である。カンシはもうメロメロで、ひまさえあればその子をあやしているという。一度はほつれた「家族の絆《きずな》」。今、再び強く固く結ばれている。

その後、カンシがいるという村を訪問したが入れ違いだったようで会うことができなかった。残念だったが、仕方ない。

ワタナベ、夜、病院に来てね。別れ際にかけられた言葉の通りに、その夜病院を訪ねると、夜勤のナムガイが取り出したのは島の野の花で作ったヌーヌーだった。村で僕を見送ったあとに作ってくれたものだった。かぐわしい匂いが鼻の奥にツンと広がった。私たちのことをおぼえていてね。そう言いながら、その花輪を僕の頭に乗せてくれた。涙が出そうだった。ヤップに来て良かった、ヤップに出会えて良かったと心から思った。

ナムガイとお別れのハグ。母の胸に抱かれているような、包み込まれるような安らかさをおぼえる。こんな不義理な僕にこんなあたたかさ。これがそのままヤップのぬくもりに感じられた。

ヤップの仲間たちはみんな元気で愉快に楽しく暮らしていた。十年ひと昔というが、変化もありながらも、ひとの気持ちは変わっていなかった。今日もヤップには笑顔があふれている。

＊

ヤップに三十五年の永きにわたり暮らしている宮井重郎さん、そして松延宏、秀子夫妻には二年間、精神的に支えられた。放送局で働く日本人は僕で三代目。八坂由美、落合厚彦両先輩が築きあげたものは大きく、その基盤があったからこそ、僕は働けたにすぎない。とりわけ落合さんには幅広いアドバイスを直接頂き、心強かった。スーさんには、ヤップの美しい水中の世界に誘《いざな》ってもらった。二十年にわたりヤップの研究をされている泰斗、神戸大学国際文化学部教授の須藤健一さんには、ヤップの文化についていろいろと教えて頂き、力添えを賜った。

この本は二〇〇三年春先から週一回、一年半続いた「中日新聞」の掲載文をもととする。企画してくれたみや通信の坊野秀美さんとの邂逅がなければ、ヤップは僕の中で思い出として終わっていたであろう。また、このような形で一冊の本として日の目を見ることになったのは石風社の福元満治さんのおかげである。執筆するにあたり新旧協力隊関係者、とりわけ小林房代さんには情報を提供して頂いた。また、原田祥二氏と岡田亨氏には写真を提供して頂いた。この場を借りてお礼申し上げます。石風社の編集の中津千穂子さんは僕と一緒になってヤップのひとたちを愛して頂いた。みなさん、ほんとうにありがとうございました。

そして何より、ヤップの皆さん、カンマガール。皆さんと出会えたから今日の僕があることは間違いない。心から感謝します。

愛する家族にこの本をささげます——

渡辺　考（わたなべ　こう）

1966年、東京都生まれ。早稲田大学卒。

90年、NHKに入局。甲府放送局、衛星ハイビジョン局、番組制作局を経て、2003年より福岡放送局に勤務し、現在に至る。

95年8月から2年間、青年海外協力隊員としてミクロネシア連邦ヤップ州政府放送局に勤務する。

主なテレビ作品に、「最後の言葉――作家重松清が見つめた戦争」「96歳・生涯舞踏家――大野一雄　故郷に舞う」「もういちどつくりたい――テレビドキュメンタリスト木村栄文の世界」（第44回ギャラクシーテレビ選奨）など。

著書に『最後の言葉』（講談社・重松清氏との共著）『餓島巡礼』（海鳥社）がある。


ヤップ放送局に乾杯！

二〇〇七年八月一日初版第一刷発行

著　者　渡　辺　　考
発行者　福　元　満　治
発行所　石　風　社
福岡市中央区渡辺通二丁目三番二四号
電話〇九二（七一四）四八三八
ファクス〇九二（七二五）三四四〇

印刷・製本　大村印刷株式会社